SCIENCES ET TECHNIQUES D'AUJOURD'HUI

LES RESSOURCES, LES ÉNERGIES

UNE ENCYCLOPÉDIE LAROUSSE

LIBRAIRIE LAROUSSE

17, rue du Montparnasse, 75298 PARIS CEDEX 06

Crédits photographiques

h = haut   b = bas   g = gauche   d = droite   c = centre

Photos de couverture : *hg, hd* E. A. Janes/NHPA ; *bg, bc, bd* ZEFA.

Page de titre : ZEFA.

4 ZEFA ; 5*h* Shell ; 5*b*, 6*g* ZEFA ; 6*d* Central Electricity Generating Board ; 7*h*, 7*c*, 7*b*, 8, 11*g*, 11*hd*, 11*cd*, 12*c* ZEFA ; 12*b*, 13*h*, 13*bg*, 13*bd* Bryan et Cherry Alexander ; 14, 15*g*, 15*h*, 15*bd*, 18, 19*cd*, 19*bd* ZEFA ; 23 Shell ; 24, 25*h* ZEFA ; 25*b* Space Frontiers ; 26*g* Ann Ronan Picture Library ; 27*gc* ZEFA ; 27*bd* Central Electricity Generating Board ; 28*g* Mansell Collection ; 28*cd* ZEFA ; 29*d*, 29*b* Ford Motor Company ; 32*h* Ann Ronan Picture Library ; 32*b* Mansell Collection ; 33*h*, 33*g* Royal Institution/Michael Holford ; 33*b* Michael Holford ; 34*h* Central Electricity Generating Board ; 35*h* ZEFA ; 38*g* Michael Holford ; 38*hd* Mary Evans Picture Library ; 40, 41*hd*, 41*c*, 41*bd* Central Electricity Generating Board ; 43*hg* Institute of Geological Sciences ; 43*hd* ZEFA ; 45*g*, 45*hd*, 45*bd*, 46*bg*, 47*hd*, 48*bg*, 48*hd* Shell ; 50*g* Sigmund Freud/Mary Evans Picture Library ; 50*c* Mansell Collection ; 51*h*, 51*b* Central Electricity Generating Board ; 52*bg*, 52*hd*, 53*h*, 53*c*, 53*d*, 54, 55*bg*, 55*hd* ZEFA ; 55*hg* Lacz Lemoine/NHPA ; 56/57 ZEFA ; 57*hd* Central Electricity Generating Board ; 57*b* Philips ; 58*h* Ann Ronan Picture Library ; 58*b*, 59 ZEFA.

© BLA Publishing Limited 1984.

Publié en Grande-Bretagne sous le titre **Cambridge Science Universe** en 1984.

© 1984, Librairie Larousse pour l'édition française.

Tous droits réservés. Reproduction de tout ou partie de cet ouvrage interdite sans l'autorisation écrite de l'éditeur.

First published 1984.

Library of Congress Catalog Card Number : 83-25253

ISBN 2-03-651-264-x

Ce livre a été réalisé et produit par
BLA Publishing Limited, Swan Court,
East Grinstead, Sussex, Grande-Bretagne.
Membre du **Ling Kee Group**
LONDRES - HONG KONG - TAIPEI - SINGAPOUR - NEW YORK

Directeur de la publication : David Jollands

Directeur artistique : Elwyn Blacker

Collaborateurs :
Roy Edwards
Alan Hibbert
Jim Hudson
John Little
John Mason
Cleland McVeigh
Peter Metcalfe
Beverley Moody
Patrick Moore
Keith Porter
Tim Pridgeon
Derek Slack
Ian Soden
Tony Soper
Alan Thomas

Documentation : Simon Jollands

Texte français : Mally Henry

Édition française dirigée
par
Philippe de la Cotardière

Table des matières

Introduction

De la même façon qu'un avion a besoin de combustible pour voler, l'homme a besoin d'énergie pour travailler. Cette énergie lui est fournie par la nourriture qu'il absorbe et qui lui sert de combustible.

Cet ouvrage traite de l'énergie et de toutes les ressources dont l'homme peut disposer dans ce domaine. Ces ressources se font de plus en plus rares et le problème de leur utilisation rationnelle est posé. Les progrès survenus dans le monde moderne ont accru les besoins en charbon, pétrole et gaz naturel, qui sont des combustibles fossiles (on les appelle ainsi parce qu'ils se sont formés au sein de la Terre il y a des millions d'années).

On assiste aujourd'hui à un gaspillage de pétrole et de gaz naturel, tandis que les autres formes d'énergie sont encore très coûteuses. Il devient donc extrêmement important de se demander jusqu'à quand les ressources naturelles seront disponibles et combien elles coûteront dans l'avenir, et de trouver d'autres manières de répartir ces ressources entre les pays industrialisés et les pays en voie de développement.

Les êtres humains ont également besoin d'énergie sous forme de nourriture ; or, nourriture et énergie sont indissociables : si le prix du combustible augmente, le prix des produits agricoles augmente aussi, entraînant une augmentation du coût de la nourriture. Les pays pauvres ne peuvent à la fois importer du combustible et de la nourriture ; ils doivent donc choisir entre déboiser pour mettre les terres dégagées en cultures vivrières et, dans certains cas, planter d'autres arbres. Le déboisement intensif s'est traduit par une pénurie de bois et même par la désertification de régions entières.

En 1983, la population mondiale a dépassé 4 milliards d'êtres humains. Les experts prévoient qu'en l'an 2000 elle atteindra plus de 6 milliards. Or, la quantité moyenne de combustible utilisée actuellement dans le monde équivaut à environ 2,5 tonnes de charbon par personne et par an. Cette quantité n'est que de quelques centaines de kilogrammes dans les pays pauvres, alors qu'elle atteint douze tonnes dans des pays comme les États-Unis.

Dans les années 1970, il existait un rapport direct entre la quantité de combustible

La plate-forme de production Brent « B » (Shell-Esso) en mer du Nord, battue par des vents de plus de 180 km/h. Le vent, comme les vagues de 20 mètres de hauteur, pourra un jour être domestiqué, mais certainement pas avant l'épuisement des réserves de pétrole.

Les villes consomment de grandes quantités d'énergie. Hongkong, que l'on voit ici, doit en importer la plus grande partie, y compris la nourriture et l'eau. Elle peut faire face à ces dépenses grâce à ses industries de pointe et à ses exportations.

vagues et du soleil, nous maintenons l'équilibre naturel. Cela sans produire de pollution causée par les pluies acides, les marées noires ou les déchets radioactifs. Certains pensent que les problèmes liés à la production d'énergie peuvent être résolus grâce à la puissance nucléaire, mais celle-ci exige d'importants investissements et seules les nations les plus riches peuvent envisager son utilisation.

La crise de l'énergie est annoncée pour la fin de ce siècle. Les combustibles fossiles deviendront rares et chers. Les réacteurs nucléaires ne peuvent produire de l'essence, mais on devrait pouvoir en obtenir par la distillation de certaines plantes.

En explorant toutes les formes d'énergie possibles et les ressources disponibles, on s'aperçoit qu'il est impossible de continuer à gaspiller celles-ci et qu'une de nos préoccupations doit être d'économiser l'énergie là où on le peut.

L'augmentation de la population mondiale pose des problèmes alimentaires. L'Inde, dont le climat peut être cause de sécheresse et d'inondations, subit actuellement l'une des crises énergétiques les plus graves du monde. Lorsqu'une récolte est détruite, la nourriture devient vite rare pour sa population qui dépasse 600 millions de personnes.

utilisée et celle de biens produits. Afin de produire plus, un pays avait besoin de plus d'énergie. Or, il ne reste plus assez de combustible sur la planète pour que les pays pauvres puissent l'exploiter de la même manière que l'ont fait jusqu'à maintenant les pays industrialisés.

Certains pays ont pris conscience de ce problème. La république populaire de Chine, par exemple, prévoit de quadrupler sa production d'ici l'an 2000, en n'utilisant que le double de l'énergie actuellement consommée. Mais, pour atteindre cet objectif, elle doit développer des sources d'énergie renouvelables.

Ces sources renouvelables, quelles sont-elles? Certaines sont inépuisables, telle l'énergie solaire, qui provient directement du soleil. La puissance du vent et celle de l'eau constituent également des formes d'énergie renouvelables. La puissance de l'eau peut être utilisée grâce à l'évaporation des mers et des rivières (évaporation due à l'action du soleil) et grâce aux vagues, lesquelles se forment également sous l'action conjuguée du soleil et des vents.

En utilisant les énergies du vent, des

Qu'est-ce que l'énergie?

Qu'est-ce que l'énergie? Vous sentez-vous plein d'énergie après avoir mangé, et manquant d'énergie à la fin d'une journée de travail? Rechargez-vous vos «batteries» en prenant un bain de soleil sur la plage? On emploie si souvent le mot énergie qu'on oublie ce qu'il signifie exactement. Il vient du grec et signifie «travail interne», c'est-à-dire puissance de travail. Tout, autour de nous, possède de l'énergie, sous une forme ou sous une autre.

Par exemple, l'énergie potentielle est celle que possède un objet inerte placé au-dessus d'un certain niveau; dans une centrale hydroélectrique, l'eau retenue par un barrage possède de l'énergie potentielle. Lorsqu'elle est admise dans les turbines, l'énergie de son mouvement (ou énergie cinétique) les fait tourner et produire de l'énergie électrique: le mouvement cinétique de l'eau est transformé en énergie électrique. L'énergie ne peut ni être créée ni être détruite. Elle se transforme seulement en une autre forme d'énergie. Si une station thermique brûle du charbon pour produire de l'électricité, toute l'énergie contenue dans le charbon peut être mesurée. Une partie de cette énergie part sous forme de gaz chauds, une autre partie sert à refroidir l'eau, et le reste devient de l'électricité. Rien n'est perdu. L'énergie réapparaît ailleurs sous d'autres formes: air plus chaud ou énergie électrique.

Lorsqu'un avion décolle, l'énergie du combustible qu'il utilise se transforme d'une part en énergie cinétique (celle qui sert à son déplacement), d'autre part en énergie potentielle (celle qui lui permet de s'élever au-dessus du sol), le reste réchauffe l'air qu'il traverse.

Nous avons dit que l'énergie ne pouvait être ni créée ni détruite, une partie en est cependant toujours pratiquement perdue par suite de la transformation qu'elle a subie. Pour convertir en électricité des combustibles comme le pétrole ou le charbon, il faut beaucoup d'énergie. Si on brûle une tonne de charbon ou 0,6 tonne de pétrole pour produire de la chaleur, cela

Une centrale thermique au charbon près de Nottingham, en Angleterre. L'énergie contenue dans le charbon est libérée par combustion. Une partie de cette énergie s'échappe en chaleur dans les cheminées, mais le reste est converti en électricité. La centrale se compose d'une réserve de charbon, d'une chaudière et d'une salle des turbines.

Ce barrage-usine hydroélectrique en Ouganda est un exemple d'utilisation de l'énergie cinétique, ou énergie du mouvement. L'eau actionne des turbines qui entraînent des alternateurs. L'eau du lac de retenue possède une énergie potentielle qui est libérée par l'ouverture des vannes.

représente autant de chaleur qu'en pourrait produire un filament électrique pendant 7 350 heures, c'est-à-dire presque une année. Mais, si ce charbon ou ce pétrole sont brûlés dans une centrale thermique pour produire de l'électricité, une certaine quantité d'énergie sera perdue. De la

vapeur est tout d'abord produite, dont le rôle est de faire tourner des turbines qui, en entraînant des alternateurs, donneront de l'électricité. Cette électricité doit ensuite être transportée par des câbles jusque dans les usines et les maisons. Aussi, 1 tonne de charbon (ou 0,6 tonne de pétrole) ne pourra faire chauffer notre filament électrique que pendant 2 000 heures au lieu de 7 350 heures.

La plus grande partie de l'énergie dont nous avons besoin provient des combustibles fossiles, le reste étant fourni par l'ura-

Plus un avion est lourd, plus il faut d'énergie pour le propulser. Avant le décollage, on doit calculer la quantité de combustible qui lui sera nécessaire pour atteindre sa destination.

Sur cette photographie de Tōkyō, au Japon, on peut voir les différentes utilisations de cette énergie, dont la plus grande partie provient du pétrole.

nium. Le tableau ci-dessous montre qu'il faut modifier l'exploitation de ces ressources si l'on ne veut pas voir les réserves s'épuiser très vite. Pour cela on peut chercher à découvrir d'autres gisements fossiles, mais cela ne donnerait que quelques années de sursis. On peut également utiliser moins de ces combustibles fossiles, mais cela n'est possible que pour les pays industrialisés, les autres ayant besoin de plus en plus d'énergie pour élever le niveau de vie de leurs habitants. La seule solution est de trouver de nouvelles sources d'énergie, inépuisables ou aisément renouvelables, et pouvant être facilement utilisées par tous les pays.

Un cycliste utilise l'énergie que son propre corps tire de la nourriture pour pédaler. Tout comme l'avion, il roule d'autant mieux qu'il est moins lourd et que sa machine est légère. Les pneus sont remplis d'air et l'huile des roulements réduit les frottements.

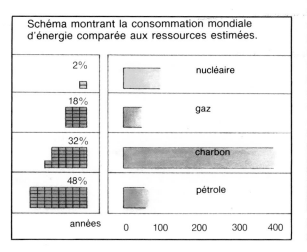

Schéma montrant la consommation mondiale d'énergie comparée aux ressources estimées.

2% 🖩		nucléaire
18%		gaz
32%		charbon
48%		pétrole
années	0 100 200 300 400	

L'énergie et le Soleil

Le Soleil a été longtemps l'unique source de l'énergie que nous consommions. Il envoie de l'énergie dans toutes les directions. D'après les astronomes, il nous éclairera encore des milliards d'années, c'est-à-dire, pour nous, presque éternellement. Le Soleil a un diamètre d'environ 1 400 000 km et se trouve à quelque 150 millions de km de la Terre. Cependant, dans l'univers, il n'est qu'une étoile sans importance, une parmi les millions d'étoiles de notre Voie lactée qui n'est elle-même qu'une des millions de galaxies.

La température au centre du Soleil est probablement de 15 millions de degrés Celsius (^{0}C). À cette température, les réactions nucléaires se produisent de façon permanente. Elles sont la source de l'énergie du Soleil. Environ 90 p. 100 de la masse du Soleil sont constitués d'hydrogène, le plus simple et le plus léger des éléments. À l'intérieur du Soleil, les noyaux d'hydrogène subissent une réaction de fusion en produisant un autre élément, l'hélium, en même temps que de l'énergie. La fusion est l'union des noyaux d'éléments légers, au contraire de la fission qui est la cassure de noyaux lourds, procédé qui est utilisé dans les centrales nucléaires.

À la surface du Soleil, la température n'atteint que 5 600 ^{0}C environ. Une grande partie de l'énergie dispensée par le Soleil l'est sous forme de lumière. Plus on s'éloigne du Soleil et moins l'énergie lumineuse est concentrée. Cette énergie est si faible sur les planètes très éloignées que la vie telle que nous la connaissons ne peut pas y exister. Cependant, la totalité de l'énergie solaire reçue par l'atmosphère terrestre est fantastique.

Une partie de cette énergie lumineuse, environ 30 p. 100, est réfléchie et renvoyée dans l'espace. Le reste chauffe la Terre et provoque l'évaporation des eaux, donc la pluie. La quantité d'énergie solaire atteignant la Terre est des milliers de fois plus importante que celle que nous utilisons à partir d'autres sources, y compris le bois. C'est pourquoi les savants de tous les pays font des recherches sur l'énergie solaire.

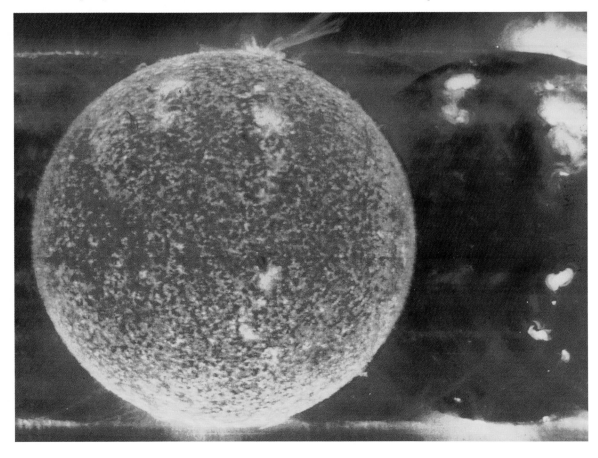

Cette photo du Soleil en fausses couleurs a été prise par Skylab pendant ses missions de 1973 et 1974. On a recueilli alors des informations sur la nature du Soleil, qui n'avaient pu être déduites des observations faites depuis la surface de la Terre.

Environ 30 p. cent de la lumière du Soleil sont réfléchis par l'atmosphère terrestre. Le reste traverse celle-ci et chauffe la Terre, provoquant l'évaporation et la pluie.

Bien que la lumière solaire visible nous paraisse blanche, elle se compose de plusieurs couleurs, telles que nous les voyons dans l'arc-en-ciel. Une surface blanche les réfléchit toutes, alors qu'une surface noire les absorbe toutes. Le noir est donc la meilleure «couleur» pour capter l'énergie solaire.

solaires frappant la Terre varie selon qu'on est en été ou en hiver. Excepté dans les régions tropicales, la lumière solaire est plus faible en hiver qu'en été. De plus, l'énergie solaire n'est pas disponible pendant la nuit. C'est pour cela qu'il n'est pas facile d'utiliser l'énergie solaire. Cependant, on peut la stocker. Chaque fois que nous brûlons une bûche dans la cheminée, nous utilisons cette énergie qui a été mise en réserve. L'énergie des combustibles fossiles est aussi de l'énergie solaire stockée il y a des millions d'années. Une méthode moderne d'accumuler l'énergie solaire est de la convertir en eau chaude. Celle-ci peut être stockée dans des réservoirs isolés pour éviter les déperditions de chaleur. On peut alors récupérer cette chaleur pendant la

Schéma d'un capteur solaire et de son échangeur de chaleur qui permet d'obtenir de l'eau chaude.

On peut utiliser la chaleur du Soleil dans des serres, qui constituent une sorte de piège : les rayons solaires traversent le verre mais ne peuvent plus ressortir, car la surface interne des verres demeure à une température inférieure à environ 60 °C.

Le Soleil ne brille pas tout le temps et, d'une région à l'autre, la durée et le temps d'ensoleillement diffèrent. L'axe de la Terre étant incliné par rapport au Soleil, il existe des saisons, et l'intensité des rayons

Cette carte du monde montre les variations de l'intensité du rayonnement solaire par région et par an. Cette quantité est naturellement plus grande dans les régions tropicales que dans les régions tempérées.

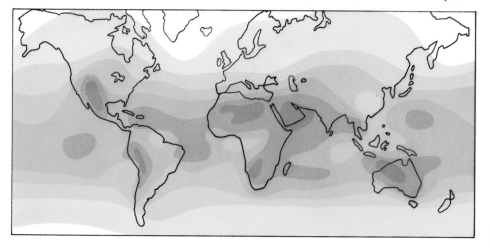

nuit ou même pendant l'hiver. D'autres méthodes de stockage de l'énergie solaire consistent à utiliser des produits chimiques et des piscines solaires. Ces dernières sont des étendues d'eau peu profonde contenant une solution de sels. On a utilisé, en Israël, une piscine solaire de ce type pour produire de l'électricité à minuit au milieu de l'hiver. Cela montre bien que l'énergie solaire peut être stockée afin d'être utilisée pendant toute l'année.

9

L'eau et son importance

Les océans couvrent environ quatre-vingts pour cent de la surface de la Terre. L'eau est essentielle à toute forme de vie. Un être humain doit boire à peu près 2,5 litres d'eau par jour. Mais nous avons besoin aussi de l'eau pour d'autres raisons. On utilise en Occident environ 250 litres d'eau par jour et par personne. Les usines en utilisent des quantités énormes, correspondant, dans les pays industrialisés, à plus de la moitié de la quantité totale d'eau douce utilisée. L'énergie solaire chauffe la surface des mers et évapore l'eau. Cela signifie que l'eau de la mer se transforme en vapeur. La mer est pleine de sels minéraux qui sont retenus lorsque l'eau s'évapore. La vapeur d'eau forme des nuages ; lorsque la température s'abaisse, elle se condense en gouttes d'eau qui retombent en pluie ou en neige. L'eau qui retombe constitue notre source d'eau douce. Les animaux, comme les humains, utilisent cette eau, qui forme les rivières et les étangs. Les plantes utilisent l'eau qui tombe sur le sol, la pompant avec leurs racines.

L'eau est composée de deux éléments, l'hydrogène et l'oxygène. Il n'y a rien dans l'eau pure qui puisse nourrir animaux et plantes, mais elle dissout des minéraux qui sont indispensables à la vie. Lorsque les fermiers fertilisent leurs champs, l'engrais doit d'abord être dissous dans l'eau pour que les plantes puissent l'absorber.

L'eau, en traversant la terre, dissout les minéraux qu'elle contient, comme le calcaire, ce qui la rend «dure». Cette eau calcaire empêche le savon de bien mousser et laisse un dépôt dans les canalisations. Au contraire, l'eau «douce» est meilleure aussi bien pour laver que comme boisson.

Un désert est une région où il ne tombe que très peu de pluie. Les plantes et animaux qui y survivent sont donc capables de stocker le peu d'eau qu'ils peuvent absorber. Les hommes vivent aussi dans les déserts ; ils creusent des puits pour atteindre l'eau qui se trouve sous la terre. Dans le Sahara, ils plantent des dattiers et cultivent le sol autour de ces puits : ce sont les oasis.

Toutes les grandes civilisations ont pris naissance dans les régions où l'eau était abondante. Celle de l'Égypte, par exemple dépendait de l'eau du Nil. Chaque année, pluies et fonte des neiges à la source faisaient déborder ce fleuve qui inondait ses rives au début de l'été. Ces inondations laissaient une couche de limon fertile sur

Le cycle de l'eau. La chaleur du Soleil fait s'évaporer l'eau des mers et du sol. L'eau s'élève dans l'atmosphère sous forme de vapeur et forme des nuages. Cette vapeur se condense ensuite et retombe sur terre en pluie, neige ou grêle. Une partie retourne à la mer.

laquelle les Égyptiens plantaient des céréales. Il y a une certaine quantité d'énergie dans l'eau en mouvement. Si vous mettez la main sous le robinet ouvert, elle sera poussée par l'eau qui s'écoule. Le moulin à eau utilisait cette énergie. Chacune des aubes de la roue était alors poussée par l'eau en mouvement, ce qui faisait tourner la roue.

Les moulins à eau entraînaient de grosses meules en pierre, entre lesquelles le grain était moulu dans le but d'obtenir de la farine. Si le moulin était établi près d'une chute d'eau, l'eau de celle-ci pou-

Un trou d'eau dans une oasis du désert. C'est dans les bassins artésiens que les oasis sont les plus nombreuses, là où le sol est en dépression et où l'eau est piégée dans des couches de roches poreuses.

La force d'un torrent est très grande. Il faut beaucoup d'adresse pour pouvoir contrôler un kayak dans ces conditions, mais aucun combustible n'est nécessaire et la sensation de puissance et de vitesse est grisante.

vait être dirigée de façon à tomber sur les aubes.

Les moulins utilisent l'énergie cinétique due au mouvement. L'eau accumulée est pleine d'énergie potentielle, et cette énergie peut être utilisée pour produire de l'électricité. Dans de nombreuses régions, des centrales hydroélectriques ont été construites pour utiliser cette énergie. On a établi des barrages en travers des grandes rivières afin de ménager des lacs de retenue qui sont de véritables réservoirs d'énergie potentielle.

Au lieu de déborder, l'eau est alors menée grâce à des conduites jusqu'aux aubes d'un moulin particulier appelé turbine. Les aubes des turbines sont courbes et doivent être très résistantes. C'est l'énergie mécanique de la turbine, tournant très rapidement, qui est convertie en électricité par des alternateurs.

L'eau est donc non seulement nécessaire à la vie mais aussi une source d'énergie très importante. Elle fournit environ 6 p. cent des besoins mondiaux en énergie.

Une centrale hydroélectrique près de Taupo, en Nouvelle-Zélande.

Deux types de roues à eau. Celle de gauche utilise l'eau d'une cascade ou d'un canal spécialement aménagé arrivant par le haut. Celle de droite utilise l'énergie de l'eau agissant à sa base et tourne dans la direction opposée.

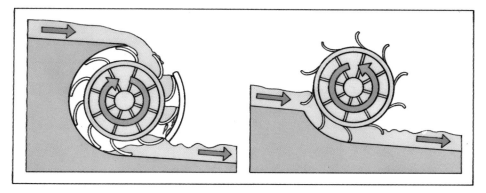

L'environnement

Tout être vivant est influencé par son environnement. Imaginez un arbre dans une forêt. Ses feuilles touchent celles des autres arbres autour de lui et forment une frondaison verte au-dessus du sol. Dessous, il fait frais et humide. Les feuilles qui tombent pourrissent et enrichissent le sol dans lequel plongent les racines. La forêt, la terre fraîche, le soleil, la pluie et le vent constituent l'environnement de l'arbre. Des animaux et des plantes s'installent dans l'arbre et s'y abritent.

Votre environnement comprend la maison, la famille, l'école, le temps qu'il fait, ce que vous voyez de votre fenêtre, le bruit de la circulation, celui de la radio et de la télévision. L'environnement humain (ou milieu) est plus étendu qu'on ne le pense. Des voitures, des trains, des bateaux ou des avions peuvent nous transporter où nous voulons. Les programmes de radio et de télévision couvrent le monde entier. Nous pouvons donc dire que toute la terre constitue l'environnement humain.

La population mondiale est si nombreuse et croît si rapidement qu'elle risque de changer et de détruire l'environnement dont dépend sa survie. La terre ne peut longtemps supporter les changements que nous apportons au milieu environnant. Si un ou deux arbres sont abattus, de nouvelles graines prendront vite leur place. Mais si, comme dans certaines parties de l'Amérique du Sud, des forêts entières sont dévastées pour faire des routes ou créer des champs, le sol qui se trouvait retenu par les racines des arbres, disparaît par érosion, ne laissant que la roche nue où rien ne peut plus pousser.

Dans notre environnement, les matériaux que nous extrayons de la terre ne sont pas partagés également entre tous. Un tiers seulement de la population mondiale vit dans les régions riches et industrialisées, mais utilise la plupart des ressources terrestres. Alors que les peuples d'Asie, d'Afrique et d'Amérique du Sud meurent de faim, la plupart des habitants des pays riches mangent trop. Beaucoup d'entre eux sont obligés de suivre des régimes ou de faire des exercices afin de maigrir.

Tous les humains ont besoin de nourriture, de vêtements et d'abri ; ce sont, avec l'eau et l'air, les besoins fondamentaux de la vie. Nous pourrions survivre avec ces seules choses, ce que font certaines populations.

Il est difficile d'imaginer la vie dans un désert, et pourtant des plantes, des animaux et des humains qui se sont adaptés à toutes sortes d'environnements hostiles y vivent. Le désert du Kalahari, en Afrique du Sud, ne reçoit aucune pluie pendant cinq mois de l'année, et les puits s'assèchent. Les Bochimans qui y vivent doivent déterrer les racines des plantes, qui ont stocké de l'eau, afin de pouvoir boire.

Il existe des déserts froids où il est aussi très difficile de vivre. Sur la côte nord du Canada, au Groenland et en Sibérie, il y a de la neige pendant neuf mois de l'année.

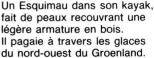

Groupe de Bochimans dans le désert du Kalahari.

Un Esquimau dans son kayak, fait de peaux recouvrant une légère armature en bois. Il pagaie à travers les glaces du nord-ouest du Groenland.

Blocs de neige utilisés par un Esquimau pour construire un igloo, dans le nord-ouest du Groenland.

(ci-dessous) Lapons suivant leurs troupeaux de rennes pendant la migration de printemps en Norvège.

(à droite) Campement lapon au coucher du soleil dans le Finnmark, au nord de la Norvège.

Les Esquimaux qui y vivent entourés de glace et de neige doivent exploiter toutes les ressources de cet environnement hostile : ils chassent les phoques et les ours blancs pour se nourrir, ils en utilisent la peau pour leurs vêtements et la graisse comme combustible. Il n'y a pas d'arbres, pendant la courte saison d'été ils ramassent donc des bois flottants avec lesquels ils fabriquent traîneaux et kayaks. L'hiver, le seul matériau de construction possible est la neige et, bien qu'elle soit glacée, les igloos qu'ils construisent avec retiennent l'air chaud à l'intérieur.

Les nomades sont des peuples qui suivent leurs troupeaux lorsque ceux-ci migrent à la recherche de nourriture. Ils abattent quelques-uns de ces animaux pour se nourrir, mais protègent le reste du troupeau et veillent à ne pas épuiser les pâturages. C'est ainsi que vivent les bédouins d'Afrique du Nord.

Dans l'extrême nord de l'Europe, les Lapons vivent dans une région froide et désolée en élevant des troupeaux de rennes. Comme les Esquimaux, ils se servent des animaux qu'ils tuent pour se nourrir, s'habiller, se chauffer, etc. Avec leurs os, ils font des outils. Ils se déplacent sans cesse et leurs campements ne laissent que peu de traces. Les Bochimans, les Esquimaux, les Lapons et les peuples nomades ne détruisent pas leur environnement : ils le préservent soigneusement. Le nôtre au contraire est en danger car nous n'y faisons pas assez attention.

L'homme et ses déplacements

Le nombre des habitants de la Terre s'accroît très rapidement : 250 bébés naissent chaque minute. Depuis 1900, la population mondiale a doublé. Or, villes et villages ne peuvent héberger et nourrir tout ce monde. La nourriture doit être transportée aux endroits où les gens se rassemblent, et des villes nouvelles doivent être aménagées.

Les premiers hommes étaient des chasseurs, qui suivaient les troupeaux d'animaux sauvages. Ils devaient vivre dans des campements temporaires, en fonction des déplacements des animaux. Ce n'est que dans certaines régions, où la nourriture était abondante, que l'homme pouvait s'installer de manière fixe.

L'homme inventa alors des outils qui lui permirent de cultiver le sol : les campements fixes devinrent des villages. Chaque village produisait la nourriture et les outils dont ses habitants avaient besoin : il était autarcique. Peu à peu, le besoin de produits diversifiés se fit sentir et les villages échangèrent entre eux les matériaux dont ils pouvaient disposer et le savoir-faire de certains de leurs habitants.

Progressivement, ces échanges se centralisèrent dans des villages, généralement établis au croisement des chemins. Certains d'entre eux donnèrent naissance à des villes. Peu à peu, les différentes communautés commencèrent à échanger leurs productions. Ainsi, esclaves et objets manufacturés furent expédiés de toutes les parties du monde connu vers l'Italie pendant la domination romaine.

Le type de transport utilisé dépendait évidemment de la nature des objets ou produits expédiés au marché. La viande fraîche, les légumes et les poissons devaient arriver le plus vite possible à des-

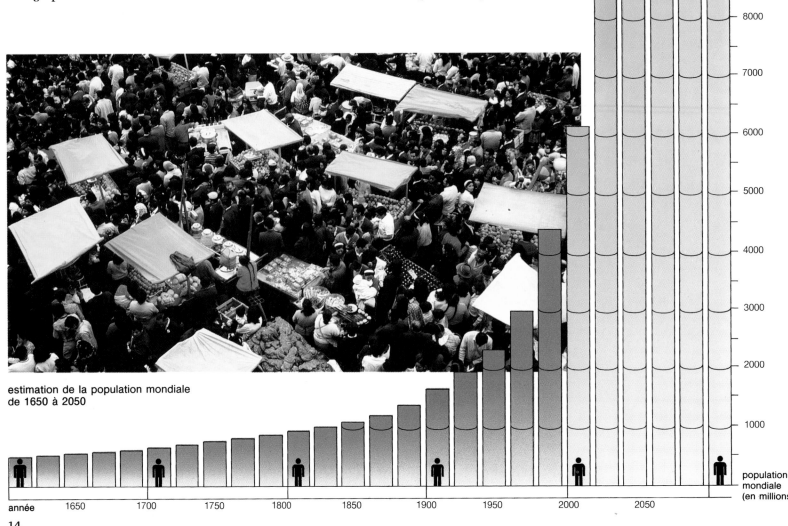

estimation de la population mondiale
de 1650 à 2050

année 1650 1700 1750 1800 1850 1900 1950 2000 2050

population mondiale (en millions)

14

tination. Les ballots de tissus et les poteries pouvaient faire l'objet d'un mode de transport plus lent, donc meilleur marché. Il faut beaucoup d'énergie pour transporter rapidement quelque chose. Un paquet peut atteindre l'autre bout de la terre en quelques jours, s'il est envoyé par avion. Si nous voulons que son transport coûte moins cher, on peut l'envoyer par mer, mais cela prendra plusieurs semaines.

L'homme est conçu pour pouvoir se déplacer à peu de frais, donc avec un rendement moyen, en marchant. Nos muscles et notre corps nous permettent de parcourir de longues distances sans trop de difficultés. La nature nous a également donné la possibilité d'aller plus vite, en courant. Mais, lorsque nous courons, notre corps consomme beaucoup plus d'énergie. Or, il produit cette énergie bien qu'ayant un apport d'oxygène insuffisant. Nous sommes donc obligés, après avoir couru, de respirer rapidement et profondément afin de récupérer de l'oxygène et d'évacuer de la chaleur.

L'homme a tenté de faire mieux que la nature en inventant des manières de voyager plus rapides, mais qui consomment du combustible. Pour chaque mode de transport, il existe une vitesse à laquelle est fait le meilleur usage du combustible : elle est appelée vitesse de croisière. Un moteur est

Les avions à réaction constituent le moyen de transport le plus rapide entre les pays et les continents. Le Boeing 747 jumbo-jet peut transporter près de 500 passagers à plus de 800 km/h. À pleine charge, chaque passager ne consommera que 4 litres de carburant pour 100 km.

(en bas, à gauche) Là où le travail est bon marché et le combustible cher, le meilleur moteur est l'homme lui-même. Ce tricycle surchargé, à Canton, mettra un certain temps pour arriver à destination, mais le coût de la course de 5 km ne dépassera pas celui de deux repas.

(dessous, à droite) Les croisières du paquebot de luxe *Queen-Elizabeth II* reviennent très cher. Il transporte ses passagers à 45 km à l'heure. Ceux-ci consomment chacun environ 4 litres de combustible pour seulement 20 km.

économique à l'emploi quand il permet de parcourir un grand nombre de kilomètres avec un seul litre de carburant.

La meilleure forme de transport est peut-être la bicyclette. Car, en pédalant, nous n'utilisons guère plus d'énergie qu'en marchant, mais nous allons aussi vite qu'en courant.

L'énergie et les êtres vivants

« Le monde vivant » est une expression utilisée en biologie. Ce monde vivant, ou biosphère comme l'appellent les savants, va de 10 000 mètres sous le niveau de la mer, au fond des océans, jusqu'au sommet des plus hautes montagnes, à 9 000 mètres environ au-dessus du niveau de la mer. La presque totalité de la surface de la Terre fait partie de la biosphère.

Il est difficile d'envisager l'énergie sur la totalité du globe. Nous préférons une unité de vie moins étendue, que nous appelons un écosystème. Il est constitué par un petit groupe d'êtres vivants qui peuvent subvenir à leurs propres besoins. Un écosystème peut être aussi petit qu'un jardinet ou aussi grand qu'une forêt. Cependant, tous les écosystèmes ont en commun le besoin en énergie solaire afin de pouvoir fonctionner.

La première et la plus importante partie d'un écosystème, ce sont les plantes. Elles capturent l'énergie solaire et la transforment en nourriture. Elles n'ont besoin que d'eau, d'air et de gaz carbonique, de sels minéraux, tirés du sol, et de lumière. Nous appelons donc ces producteurs des autotrophes. Tous les autres organismes doivent utiliser la nourriture produite par les plan-

tes : ces consommateurs sont appelés des hétérotrophes.

Les animaux qui se nourrissent de plantes sont des herbivores. Ils ont tous des ennemis, qui ne mangent pas de plantes, mais de la viande : les carnassiers ou carnivores.

Voyons comment fonctionne un écosystème simple, tel un étang. Dans son eau, des plantes aquatiques produisent leur propre nourriture à partir de l'énergie solaire. Ces plantes peuvent être consommées par des escargots aquatiques qui sont des herbivores. À leur tour, ces escargots peuvent être mangés par des poissons comme les perches parce qu'elles sont carnivores. C'est un exemple simple de ce qu'on appelle une chaîne alimentaire.

L'escargot mange de nombreuses sortes de plantes aquatiques et la perche divers autres animaux qui peuplent l'étang. Ce réseau alimentaire relie tous les animaux et plantes de l'étang. Les réseaux alimentaires peuvent être très compliqués en raison des nombreux types d'animaux et de plantes qui vivent dans un écosystème, même très simple.

Dans notre chaîne alimentaire simple, l'énergie solaire captée par les plantes est

Le dessin ci-dessous illustre une communauté naturelle d'êtres vivants, appelée écosystème. Celui-ci comprend non seulement des animaux et des plantes, mais aussi un environnement de terre et d'eau. Un écosystème dépend de l'énergie qu'il reçoit du Soleil et d'un apport continu d'eau.

transmise le long de cette chaîne. À chaque étape, seule une petite partie de l'énergie solaire originale sera transformée en nourriture. La plus grande partie sera utilisée par les plantes pour se maintenir en vie et pour se développer. L'escargot, comme la perche, a besoin de cette énergie pour se nourrir et se déplacer. Cependant, la plus grande partie de cette énergie, au fur et à mesure qu'elle passera par la chaîne alimentaire, sera perdue en chaleur dans l'eau de l'étang ou encore en déchets.

Les déchets de tous les organismes tombent au fond de l'étang, où ils seront décomposés en eau, gaz et sels minéraux. Toute l'énergie contenue dans ces déchets sera finalement transformée en chaleur. Cette chaleur n'étant pas recyclée, cette énergie est perdue.

Si l'on pouvait retirer de l'étang tous les organismes et les entasser, ils formeraient une pyramide dont la base serait entièrement occupée par les plantes, le centre par les herbivores et le sommet par les carnivores, beaucoup moins nombreux. On s'apercevrait alors que ce sont les plantes qui ont en réserve la plus grande quantité d'énergie, et les carnivores au sommet qui en ont le moins.

En suivant la chaîne alimentaire, l'énergie est dépensée à chaque étape où les plantes et les animaux l'utilisent pour vivre. Si l'homme pouvait vivre uniquement de plantes, il économiserait une quantité d'énergie qui se perd au cours de la chaîne alimentaire. Il ne le peut pas : son régime alimentaire doit comporter des protéines, que l'on trouve dans la viande.

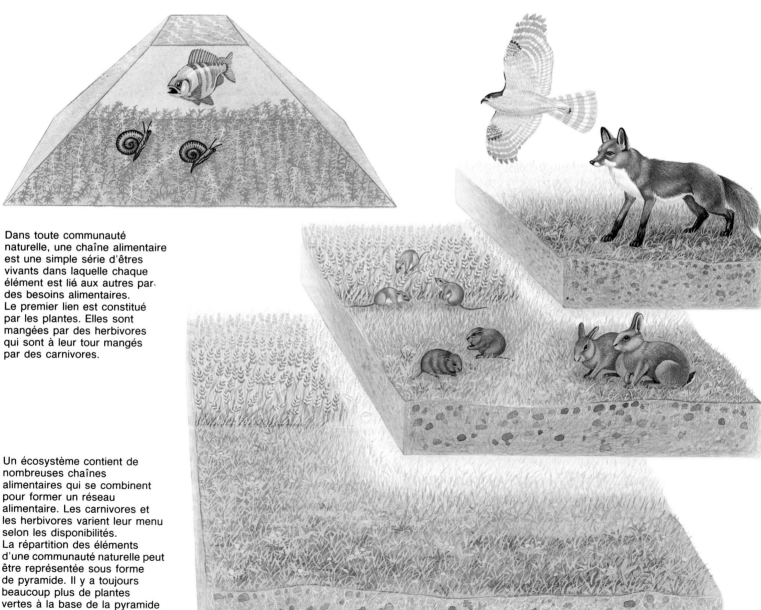

Dans toute communauté naturelle, une chaîne alimentaire est une simple série d'êtres vivants dans laquelle chaque élément est lié aux autres par des besoins alimentaires. Le premier lien est constitué par les plantes. Elles sont mangées par des herbivores qui sont à leur tour mangés par des carnivores.

Un écosystème contient de nombreuses chaînes alimentaires qui se combinent pour former un réseau alimentaire. Les carnivores et les herbivores varient leur menu selon les disponibilités. La répartition des éléments d'une communauté naturelle peut être représentée sous forme de pyramide. Il y a toujours beaucoup plus de plantes vertes à la base de la pyramide que de carnivores au sommet.

L'alimentation

Le corps humain peut être comparé à un moteur. Comme tous les moteurs, le corps a besoin de combustible, sous la forme de nourriture, pour lui fournir de l'énergie, sous forme de chaleur et de travail. La nourriture fournit également au corps les matériaux nécessaires à sa croissance et au renouvellement de ses tissus. La nourriture contient de petites parcelles des substances qui permettent de garder le corps en bonne santé. Ces substances, appelées nutritives, sont essentielles dans notre nourriture de chaque jour au même titre que l'absorption fréquente d'eau.

Les savants peuvent mesurer la valeur énergétique de la nourriture en brûlant des parcelles de celle-ci dans un appareil appelé calorimètre. Celui-ci mesure la quantité de chaleur produite, qui est alors dosée en calories ou en joules. Une calorie vaut 4,2 joules. Pour se maintenir en forme et en bonne santé, l'être humain doit absorber chaque jour un certain nombre de kilocalories, appelées en diététique Calories. Un garçon de 12 ans a besoin de 3 000 kilocalories par jour, alors qu'une fille du même âge n'a besoin que de 2 500 kilocalories. Si nous mangeons plus que nécessaire, les

Il y a beaucoup de gens dans le monde qui n'ont pas assez de nourriture et il y en a d'autres qui mangent trop. On mesure l'énergie de la nourriture en calories, ou joules. Ce schéma montre comment les besoins en calories des individus changent selon l'âge et le poids.

naissance · 6 mois · 1 an · 2 ans · 4 ans · 8 ans · 12 ans · 18 ans · 70 ans

18

calories supplémentaires sont stockées et transformées en graisses.

Les éléments nutritifs qui produisent de l'énergie et de la chaleur sont les glucides et les graisses. Ils sont assimilés par le corps et utilisés pour permettre d'effectuer un travail ou pour produire de la chaleur. Les éléments nutritifs qui aident à la croissance du corps sont des protéines. Celles-ci sont digérées sous forme d'éléments plus petits, ou acides aminés, qui servent à construire les tissus, substances dont notre corps est fait.

D'autres éléments nutritifs importants sont les vitamines et les sels minéraux. Chaque vitamine a un rôle particulier, et le manque de l'une d'entre elles peut provoquer une maladie. Autrefois, les marins mouraient souvent d'une maladie appelée scorbut au cours de leurs longs voyages, parce qu'ils manquaient de vitamine C, que l'on trouve en grande quantité dans les oranges et les citrons.

Les sels minéraux sont nécessaires à la formation des os et des dents ; sans eux, les muscles et les nerfs ne peuvent fonctionner parfaitement.

Une autre partie de notre alimentation consiste en éléments fibreux (ballast) que nous ne digérons pas, mais ces résidus captent l'eau et permettent à la nourriture de passer plus facilement à travers les intestins. Chaque aliment ne contient pas tous les éléments nutritifs nécessaires à notre corps. Certains peuvent être riches en un ou deux éléments nutritifs. La viande, le poisson, le fromage et les œufs sont riches en protéines. Les farines et les aliments sucrés contiennent plus de glucides. Les nourritures riches en

graisses comprennent le beurre, le lait, les huiles, les noix et certains poissons. Les fruits frais et les légumes contiennent toutes les vitamines et sels minéraux dont nous avons besoin, ainsi que les déchets nécessaires. Notre alimentation est équilibrée quand, chaque jour, on absorbe des éléments appartenant à chacun des groupes définis ci-dessus. Les habitudes alimentai-

Le corps humain a besoin de nourritures très variées afin de se maintenir et de grandir normalement. Pour être fort et en bonne santé, un jeune adulte a besoin d'une alimentation équilibrée telle que celle-ci.

Les céréales sont la nourriture de base. On cultive du blé dans la plupart des pays tempérés du globe. Les grains de blé sont moulus pour faire de la farine, base du pain.

La nourriture varie d'une région à une autre. Tous les êtres humains ont besoin de certains éléments nutritifs : glucides comme le sucre et le pain ; graisses dans les produits laitiers, l'huile et la viande ; protéines de la viande, des œufs et du poisson, et fibres de cellulose (ballast) des légumes.

Troupeau de bovins dans le Colorado. Ils sont élevés dans des prairies pour leur viande. Les troupeaux sont formés de mâles, appelés bœufs, dont les organes reproducteurs ont été enlevés.

res varient d'un pays à l'autre. Les Américains du Nord et les Européens mangent beaucoup de viande, alors que les Japonais et les Soviétiques sont de gros mangeurs de poisson. La plupart des Asiatiques se nourrissent de grandes quantités de riz et de légumes. La quantité d'énergie perdue tout au long de la chaîne alimentaire est telle, qu'on produirait dix fois plus de nourriture en cultivant du blé dans un champ plutôt qu'en y élevant du bétail : c'est cependant ce que l'on fait en Europe et en Amérique du Nord parce que les terres cultivables y sont importantes.

19

Comment le corps digère la nourriture

La nourriture doit être décomposée en éléments très simples pour que le corps puisse les utiliser. Ces éléments nutritifs ne serviront qu'après avoir été dissous dans le sang. Cette décomposition, ou digestion, est faite par notre système digestif.

La digestion commence dans la bouche. En mâchant la nourriture, nous la broyons en petites parcelles auxquelles se mélange la salive. La salive est produite par des glandes et contient une substance qui aide à la digestion, et qu'on nomme enzyme. Il existe différentes enzymes qui agissent tout au long du système digestif. L'enzyme de la salive transforme l'amidon des pommes de terre, du pain et des gâteaux en sucre. Si on mâche longtemps un morceau de pain, on le trouvera, finalement, sucré. Une fois mâchés et mélangés à la salive, les aliments peuvent être avalés. La salive les aide à passer dans le tube digestif, tout comme l'huile aide les parties d'un moteur à tourner. Ce sont les muscles de l'œsophage qui font descendre les aliments dans l'estomac.

L'estomac est un sac musculaire qui agit comme une bétonnière. Il mélange les aliments en y ajoutant d'autres enzymes et un acide puissant. La digestion des protéines commence dans l'estomac. Après un certain temps, la nourriture ainsi malaxée passe dans un long tube appelé intestin; celui-ci comporte deux parties, l'intestin grêle et le gros intestin.

L'intestin grêle, de petit diamètre, a environ 7 mètres de longueur. Ses premiers

Dans ce dessin du système digestif humain, certaines parties, comme la trachée artère et les poumons, ont été découpées afin que vous puissiez clairement voir les organes de la digestion. La nourriture ne peut passer dans la trachée artère car l'épiglotte bouche celle-ci. Le foie est une grande glande se trouvant près de l'estomac. Il a plusieurs fonctions, dont celles de stocker les sels minéraux et les vitamines et de maintenir l'équilibre en glucose du corps. Il produit également de la bile, emmagasinée dans la vésicule biliaire (montrée légèrement décalée ici pour plus de clarté) jusqu'à ce que la digestion des graisses en ait besoin. Le pancréas, autre glande située près du duodénum, fournit des enzymes. L'appendice ne semble pas avoir de fonction déterminée.

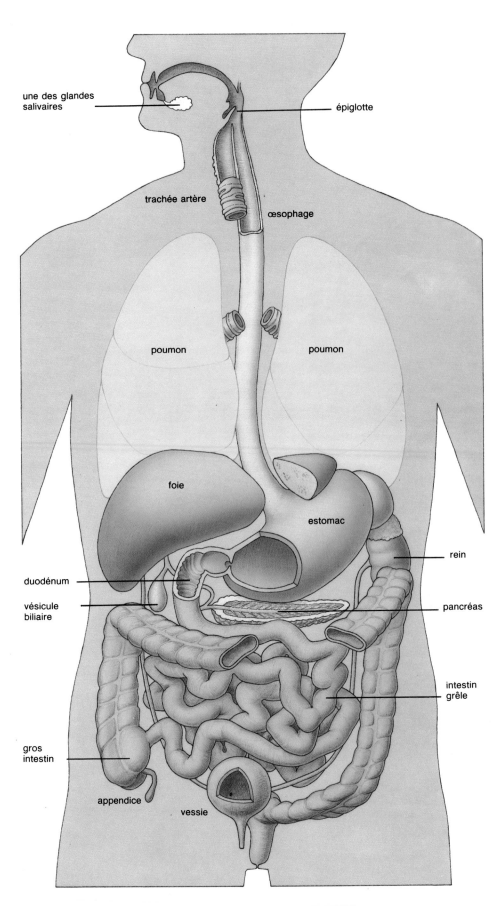

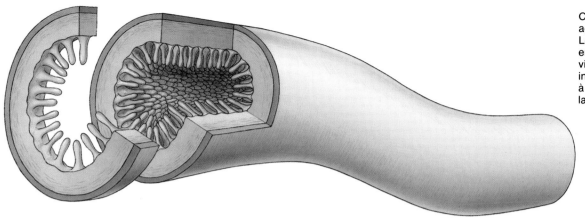

Ce schéma montre une coupe
agrandie de l'intestin grêle.
Les petites protubérances
en forme de cheveux (appelées
villosités) augmentent la surface
interne de l'intestin et servent
à absorber et à digérer
la nourriture.

30 cm sont appelés duodénum. De nouvelles enzymes y sont ajoutées aux aliments et la digestion s'y poursuit. La nourriture est alors devenue une sorte de crème liquide, appelée bol alimentaire, qui contient de nombreux sucres provenant des glucides digérés et quelques acides aminés issus des protéines. La digestion se termine dans l'intestin grêle, dont les parois peuvent être comparées à un tapis roulé, poils à l'intérieur. Ces «poils» augmentent ainsi la surface intérieure de l'intestin grêle, de manière que le bol alimentaire puisse être plus aisément absorbé par les fins capillaires des veines qui tapissent l'intérieur de la paroi des intestins.

Après que la plupart des éléments nutritifs ont été absorbés, ce qui reste passe dans le gros intestin. Celui-ci, qui a environ 1,50 mètre de longueur, sert à absorber l'eau contenue dans les déchets qui n'ont pas été digérés. Ces déchets passent alors dans la dernière partie de l'intestin, le rectum, où ils deviennent de la matière fécale, ou fèces. Ils sont finalement évacués par l'anus.

Les nourritures qui fournissent de l'énergie, graisses et glucides, ont été digérées lorsqu'elles arrivent dans l'intestin grêle. Elles passent alors dans le sang et sont distribuées dans tout le corps. Certains sucres peuvent être utilisés immédiatement pour donner de l'énergie. L'excédent est stocké dans le foie. Les graisses superflues sont stockées sous la peau et autour de certains organes comme les reins et le cœur.

Les produits de la digestion sont utilisés par le corps pour produire de l'énergie et constituer les tissus. Lorsque le corps «brûle» les sucres, il produit de l'eau et du gaz carbonique. Ce dernier est transporté par le sang jusqu'aux poumons, où il est échangé contre de l'oxygène.

L'eau et d'autres déchets provenant de la digestion et des cellules usées sont dissous dans notre sang, qui les transporte dans

les reins, lesquels agissent comme des filtres. Ces déchets et l'eau en excédent remplissent alors une sorte de poche, la vessie, et sont ensuite évacués hors de notre corps en urine.

épiglotte

œsophage
nourriture avalée
par petites
bouchées

une des
glandes
salivaires

estomac (début de la digestion,
addition d'acide et d'enzymes)

duodénum

vésicule biliaire

pancréas

intestin grêle
(suite et fin de la digestion)

gros intestin
(absorption de l'eau)

rectum (formation des fèces)

anus (sortie des déchets)

Le canal alimentaire

Les plantes et l'énergie

Sans les plantes vertes, il ne pourrait y avoir de vie sur la Terre. Notre monde reçoit son énergie du Soleil et ce sont les plantes qui captent cette énergie et la transforment en nourriture. Tous les animaux dépendent de la nourriture produite par les plantes vertes.

Cependant les plantes ne transforment pas en nourriture la totalité de l'énergie qu'elles reçoivent du Soleil. Sur cent unités d'énergie reçues, une à cinq unités seulement seront utilisées. Plus de la moitié de l'énergie est renvoyée par les feuilles et le reste est absorbé. La moitié seulement de l'énergie effectivement utilisée passera finalement dans la nourriture des animaux. Cela parce que les plantes utilisent pour leurs propres besoins une partie de cette énergie.

Les plantes vertes se nourrissent au moyen d'un procédé appelé photosynthèse, dans lequel l'eau et le gaz carbonique contenus dans l'air sont combinés pour former un sucre appelé glucose. Pendant la photosynthèse, l'oxygène, un des autres gaz de l'air, est libéré comme déchet. Le glucose produit constitue l'unité de base de la nourriture. Sans la lumière du Soleil, la photosynthèse ne pourrait avoir lieu, car c'est le Soleil qui fournit l'énergie nécessaire à la combinaison de l'eau et de l'oxyde de carbone. Cette énergie est stockée dans le glucose, qui est alors directement utilisé par les plantes et les animaux. En plus de la lumière solaire, de l'air et de l'eau, les plantes ont besoin de sels minéraux qu'elles extraient de la terre. Ceux-ci sont transportés par la sève jusqu'aux feuilles, où a lieu la photosynthèse. C'est le rôle des racines des plantes d'extraire du sol l'eau et les sels minéraux dissous. Elles servent également à fixer la plante dans le sol et à constituer des réserves de nourriture.

La tige de la plante sert de conduit par où les sels minéraux et l'eau atteignent les feuilles. En même temps, les sucres fabriqués dans les feuilles descendent dans les racines, où ils sont emmagasinés. Les fins canaux qui conduisent l'eau et les sels minéraux sont appelés xylèmes, alors que ceux qui transportent les sucres sont nommés phloèmes. La substance même de la tige supportant ces canaux est constituée de cellulose. Tous les organismes tirent leur énergie du glucose en utilisant l'oxygène dans un procédé inverse de celui de la photosynthèse, appelé respiration. Celle-ci produit du dioxyde de carbone et de l'eau à partir du glucose et de l'oxygène. Les plantes ayant besoin d'énergie pour extraire l'eau et les sels minéraux du sol tirent celle-ci du glucose qu'elles fabri-

Dans la photosynthèse *(à gauche)*, les composés carbonés comme le glucose (en jaune) sont fabriqués par la plante en présence de la lumière du soleil. L'eau et les sels minéraux (en bleu) et le gaz carbonique (en rouge) sont absorbés. L'oxygène (bleu pâle) est libéré. Le processus de la respiration est inverse *(à droite)*. Il se produit pendant la nuit. L'oxygène est alors absorbé et le gaz carbonique libéré.

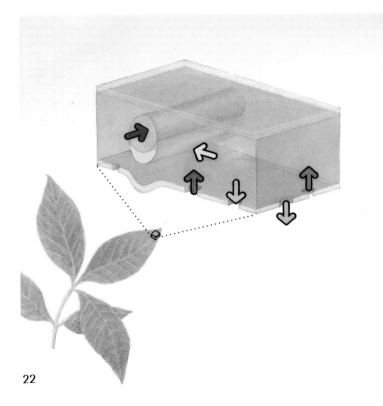

Arrachage des jeunes plants de riz pour leur repiquage dans une rizière, au Brunei. Plus de la moitié de la population mondiale, surtout en Asie, fait du riz sa nourriture de base. On repique à la main les jeunes pousses lorsqu'elles atteignent environ 20 cm de hauteur.

Une plante a besoin de nourriture, d'eau et de sels minéraux pour vivre. Pour transporter ces éléments, elle possède un système à deux voies se trouvant dans la grande artère que constitue la tige. La nourriture est élaborée dans les feuilles par l'action du soleil sur un pigment appelé chlorophylle, puis elle descend dans les parties où elle est emmagasinée ou utilisée par de longs tubes, appelées phloèmes. L'eau et les sels minéraux remontent dans les feuilles par d'autres tubes, ou xylèmes. Ces canaux sont disséminés en paquets ou en anneaux. Dans les racines, les xylèmes se trouvent au centre.

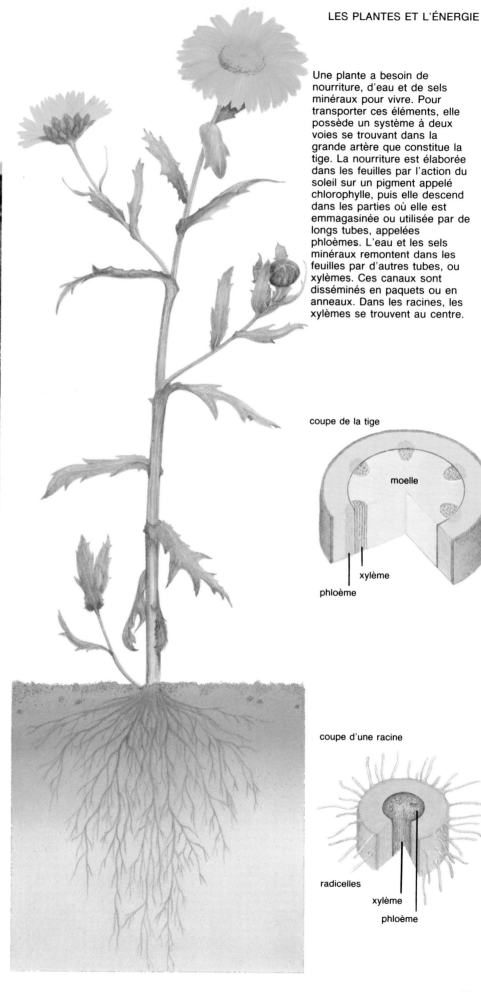

coupe de la tige

moelle

xylème

phloème

coupe d'une racine

radicelles

xylème

phloème

quent puis brûlent en respirant. Elles ne peuvent utiliser directement l'énergie solaire et doivent passer par l'intermédiaire du glucose. Celui-ci contient de l'énergie chimique alors que la lumière du soleil contient de l'énergie lumineuse.

Afin de pousser convenablement, les plantes ont besoin de beaucoup d'eau et de minéraux. La quantité d'eau et de sels minéraux contenue dans le sol en conditionne la fertilité. Le fermier tente d'améliorer ses cultures en utilisant des engrais qui contiennent des sels minéraux. Dans de nombreuses régions, les plantes ne peuvent pousser faute de pluie. Un manque d'eau ou de sels minéraux peut arrêter la croissance des plantes, même si elles bénéficient d'une quantité d'énergie solaire importante. La culture des céréales, riz, orge, blé, seigle, maïs, etc., a fait faire à l'humanité un de ses progrès les plus décisifs. Car ces plantes produisent la plus grande quantité possible de nourriture pour une surface donnée et sont riches en protéines, vitamines et glucides. Lorsque les hommes eurent appris à cultiver les céréales, ils purent abandonner la chasse et se fixer dans des hameaux et des villages.

Les forces naturelles

Nous savons tous ce qu'est une force mais ne pouvons l'expliquer facilement. Une force ne peut se voir. On ne peut qu'en voir ou sentir les effets. Imaginons une voiture qui n'a plus d'essence. Elle reste sur place si personne ne la fait bouger. Nous devons utiliser de la force pour la faire rouler. Une force est donc ce qui peut faire bouger un objet. Supposons qu'on pousse la voiture (force de poussée). La voiture va rouler sur la route, ralentir et s'arrêter ou bien heurter quelque chose et s'arrêter. Si elle ralentit et s'arrête, c'est à cause d'une force de frottement. Si elle heurte une autre voiture, c'est une autre force de poussée qui l'arrêtera. Elle peut aussi rebondir sur l'autre voiture et changer de direction. Une force est donc aussi ce qui fait qu'un objet arrête de se mouvoir ou change de direction quand il bouge. Une force peut aussi modifier une forme. Les forces de poussée sont à l'origine de pressions. Nous utilisons cette pression pour extraire le jus d'une orange. Les forces d'étirement provoquent des tensions. C'est la tension de la corde d'un arc qui peut propulser une flèche.

Qu'arrive-t-il si un objet commence à bouger et qu'aucune force ne vient l'arrêter? Une voiture ne peut rouler seule pendant longtemps sur une route, parce que le frottement la ralentit et la stoppe. Si la route est mouillée ou verglacée, la voiture ira beaucoup plus loin, car le frottement sera réduit. S'il n'y avait aucun frottement, la voiture pourrait continuer indéfiniment à rouler à condition qu'aucun obstacle ne l'arrête. Si vous êtes assis sur une chaise en train de lire ce livre, y a-t-il des forces agissant sur vous? Vous ne bougez pas, vous restez assis. Cependant, une force appelée gravité vous tire vers le bas alors que la chaise vous pousse vers le haut. Ces deux forces se compensent, c'est pourquoi il n'y a pas de mouvement : elles sont en équilibre. Un avion en vol demeure en équilibre grâce à deux couples de forces : son poids est compensé par la poussée de l'air sur les ailes, et sa résistance à l'avancement par la poussée de ses réacteurs.

La gravité est une des forces les plus importantes. Nous savons que si nous laissons tomber une pierre, elle tombera verti-

Un avion est maintenu en vol grâce à l'action de forces contraires. Les ailes doivent avoir une forme particulière déterminant une surface portante. L'air, en contournant ce profil, «aspire» littéralement l'aile vers le haut et compense ainsi le poids de l'avion. La force du moteur, ou poussée, fait avancer l'avion. Elle doit vaincre la traînée, ou force due à la résistance de l'air et au frottement.

Bobsleigh à Saint-Moritz, en Suisse. De tels engins peuvent atteindre des vitesses de plus de 140 km par heure, grâce à la force de la gravité, d'une part, et au fait qu'il existe un frottement très faible entre les patins de métal et la glace, d'autre part.

La navette Columbia au départ. Une fusée a besoin d'une énorme poussée pour arracher son propre poids et celui de sa charge utile à la gravité terrestre. Le mouvement ascendant est obtenu par l'éjection de gaz brûlés dans l'autre sens. Pour supporter cette force G, les astronautes doivent s'allonger sur le dos lors du décollage. Pour échapper à la force de la gravité terrestre, une fusée doit atteindre la vitesse de 28 000 km par heure.

calement sur le sol. Elle est attirée vers le centre de la Terre, vers lequel elle poursuivrait son chemin si elle le pouvait. Ce qui est le plus étrange, c'est que la gravité peut s'exercer à distance. Aucune force n'est visible entre la pierre et le sol, et nous n'avons ni poussé ni jeté la pierre. Nous l'avons juste laissée tomber. Elle est attirée vers le centre de la Terre par l'attraction gravitationnelle. C'est la force de la gravité qui donne du poids à tous les objets. Cependant, dans certains cas, nous pouvons changer de poids. Imaginons que nous soyons dans un ascenseur rapide. Lorsqu'il accélère, nous avons l'impression que notre poids augmente car, à la gravité s'ajoute la force de poussée sous nos pieds. Quand il ralentit, la poussée sous nos pieds est réduite et nous avons l'impression d'être plus légers.

Les astronautes sont habitués à ces variations de poids. Quand une fusée part, elle accélère jusqu'à atteindre une vitesse d'environ 28 000 km par heure, et cela en une douzaine de minutes. Il en résulte que les astronautes éprouvent une force (G) qui peut aller jusqu'à cinq fois celle de leur poids normal. Lorsque la fusée atteint son orbite, la force de gravité est compensée par d'autres forces. Les astronautes, le véhicule spatial, deviennent sans poids : c'est la gravité 0. Le véhicule spatial n'a pas besoin de combustible pour se déplacer. Comme il n'y a pas d'atmosphère, aucun frottement ne vient le ralentir ou l'arrêter. Il est en chute libre.

Si vous vous teniez debout sur une balance placée dans la cabine d'un ascenseur, votre poids semblerait augmenter lorsque l'ascenseur monte et diminuer lorsqu'il descend.

Marche dans l'espace au cours de la sixième mission de la navette spatiale.
Les astronautes n'ont pas de poids car la force de gravité est annulée par d'autres forces. Ils se trouvent en chute libre.

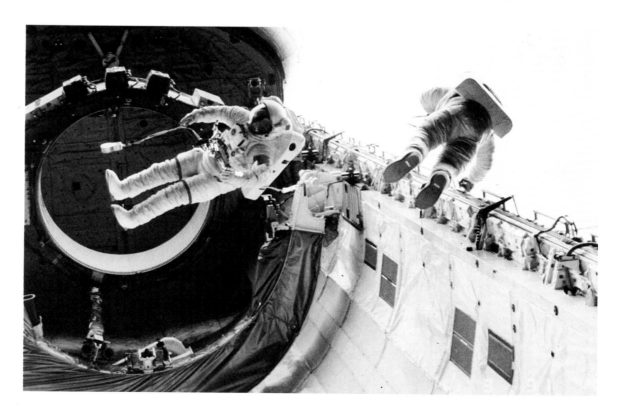

La vapeur

Actuellement, lorsque nous avons un travail à faire, nous demandons souvent son aide à une machine. Aux temps préhistoriques, les muscles humains étaient la seule source d'énergie. Plus tard, on utilisa aussi la force des chevaux, des bœufs, etc., pour porter des marchandises, tirer une charrue ou tirer l'eau d'un puits. On a également utilisé la puissance du vent et de l'eau pour moudre des grains. Mais les muscles se fatiguent, le vent ne souffle pas toujours quand on en a besoin et l'eau courante ne se trouve pas partout où une énergie est nécessaire. Il a donc fallu avoir recours à des machines. Les moteurs sont des machines qui permettent de déplacer des objets. Ils fournissent de l'énergie mais ont besoin de combustible pour pouvoir fonctionner. Le moteur qui apporta une source totalement nouvelle de puissance fut la machine à vapeur, qui est à l'origine de la révolution industrielle.

Il est facile de comprendre comment on obtient de la puissance à l'aide de la vapeur. Lorsque de l'eau est chauffée dans une chaudière au-dessus de son point d'ébullition de 100 °C, elle se transforme en vapeur. Un centimètre cube d'eau peut ainsi donner 1 700 centimètres cubes de vapeur. Cette vapeur peut alors pousser un piston coulissant dans un cylindre. Lorsque le cylindre est refroidi, la vapeur se condense à nouveau et redevient de l'eau. Comme l'eau n'occupe que 1/1 700 de l'espace du cylindre, un vide partiel est créé et le piston est alors aspiré. On pense que la première personne qui réalisa une machine à vapeur fut un mathématicien grec d'Alexandrie, Héron, qui vécut au Ier siècle apr. J.-C.

La puissance fournie par la vapeur ne peut être exploitée efficacement que grâce à l'utilisation conjuguée d'un cylindre et d'un piston. Dans un moteur à vapeur simple, la vapeur, chauffée dans une chaudière, est envoyée dans le cylindre ; quand elle y arrive, elle repousse le piston vers le bas ; le vilebrequin fait alors tourner le volant.

Le premier moteur à vapeur de Thomas Savery était connu sous le nom d'« ami des mineurs ». Il fonctionnait au fond de la mine même car il ne pouvait pomper l'eau à plus de six mètres de profondeur.

La machine à vapeur de Thomas Newcomen fut aussi utilisée pour pomper l'eau des mines de charbon, notamment près de Dudley Castle dans le Staffordshire (Grande-Bretagne). Nous pouvons imaginer le bruit que faisaient ces machines, le balancier actionnant le piston seize fois par minute et répandant de l'eau à chaque fois.

The Engine to raise Water by Fire

Printed for J. Hinton at the Kings Arms St Pauls Church Yard. 1747.

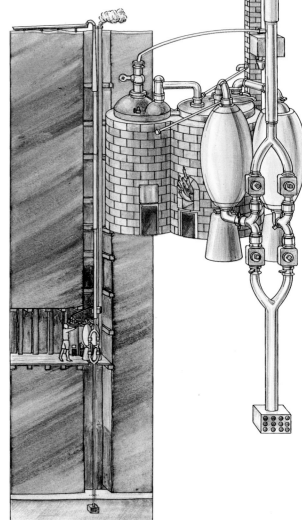

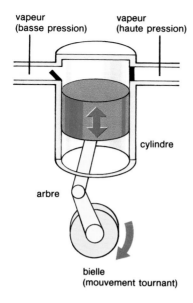

vapeur (basse pression)   vapeur (haute pression)

cylindre

arbre

bielle (mouvement tournant)

Vers la fin du XVIIe siècle en Europe, la plus grande partie du charbon qui affleurait près de la surface de la terre avait été extraite. Les mines étaient devenues si profondes qu'elles étaient souvent inondées. Il fallut percer des tunnels pour évacuer l'eau et utiliser des pompes actionnées par des chevaux ou même des hommes pour assécher les mines, cela sans succès. On avait besoin de pompes bien plus puissantes.

Thomas Savery, un mécanicien anglais, était technicien dans une mine de Cornouailles quand il inventa en 1698, pour le pompage des eaux, une machine dans laquelle, pour la première fois, la tension de la vapeur d'eau était utilisée comme force motrice. Cependant, l'on ne pouvait utiliser cette machine en permanence en raison des risques d'explosion.

Savery s'associa avec Thomas Newcomen et ils construisirent, en 1705, la première machine à vapeur vraiment utilisable.

En 1712, Newcomen mit au point le premier moteur à vapeur, appelé moteur atmosphérique parce que le piston s'y trouvait poussé par l'air ambiant.

Ce moteur à vapeur fonctionnait de manière simple. La vapeur était conduite dans un cylindre où elle poussait un piston vers le haut. Un balancier était alors poussé vers la gauche, aidé en cela par le poids de la tige du piston. Un jet d'eau froide était à ce moment envoyé sur le cylindre afin de faire se condenser la vapeur qui s'y trouvait emprisonnée, produisant de ce fait un vide partiel à l'intérieur du cylindre.

Le vide se trouvant derrière le piston, c'est la pression atmosphérique qui le faisait descendre. Le balancier, entraîné par cette descente, penchait alors à droite, tirant vers le haut du piston et, chaque fois que le piston était tiré, environ 50 litres d'eau se trouvaient aspirés hors de la mine. Cette machine pouvait ainsi aspirer environ 600 litres d'eau par minute.

La machine de Newcomen consommait beaucoup de combustible, mais était la meilleure alors disponible. Pendant les cinquante années qui suivirent, les machines à vapeur furent toutes à peu près de ce type. En 1722, les Anglais exportèrent leur première machine de Newcomen en Tchécoslovaquie. En 1775, il y en avait plus de 160 en service, et la plus grosse d'entre elles avait un piston de près de 2 mètres de diamètre.

On n'utilise plus ce genre de machine. Cependant, on emploie toujours la vapeur pour faire tourner les aubes des turbines. La plupart des navires et des centrales électriques utilisent des turbines à vapeur. Elles brûlent du charbon ou du pétrole afin de chauffer l'eau pour produire de la vapeur à haute pression.

Locomotive à vapeur classique « Britannia » en état de marche. Ce genre de machine était très répandu dans les chemins de fer britanniques d'il y a cinquante ans.

Générateur à turbines utilisé dans une centrale thermique à charbon. C'est la puissance de la vapeur à haute pression qui, encore aujourd'hui, fait tourner les turbines des centrales électriques, qu'elles soient alimentées par du charbon, du pétrole ou du combustible nucléaire.

Le moteur à combustion interne

Aujourd'hui, nous considérons que la voiture est une nécessité. Mais, à ses débuts, c'était un luxe que peu de personnes pouvaient s'offrir. Bien que la voiture nous permette d'aller où bon nous semble, c'est une façon de voyager qui est coûteuse. On appelle transports les mouvements qui font se déplacer les gens et les marchandises d'un endroit à un autre, par terre, mer ou air. Nous savons que les réserves mondiales de pétrole s'épuisent et que l'essence deviendra de jour en jour plus rare et plus chère. Cependant, c'est le pétrole qui fournit plus de 90 p. cent des combustibles nécessaires aux transports.

Les quantités de combustible utilisées dépendent du type de transport. Ce sont les trains qui en utilisent le moins, puis les bateaux et enfin les avions de ligne. Les voitures consomment globalement le plus de combustible, brûlant plus de 75 p. cent de toute l'énergie utilisée pour les transports en général. Cette énergie provient pour l'essentiel de l'essence ou du gas-oil. De tous les véhicules routiers, ce sont les voitures particulières qui consomment le plus d'énergie pour le service rendu. Un autobus peut transporter au moins cinquante personnes en consommant seulement le double de ce que consomme une voiture, qui ne transporte que trois ou quatre personnes. Une des façons d'économiser de l'énergie serait de restreindre l'usage des voitures particulières dans les villes et d'encourager l'utilisation des transports publics.

La clé du problème réside dans la façon dont le combustible est converti en énergie mécanique. Presque tous les véhicules routiers sont mus par des moteurs à combustion interne. Nous avons vu qu'une machine à vapeur brûle du combustible dans une chaudière séparée du moteur. Le moteur à combustion interne, comme la machine à vapeur, utilise des pistons et des cylindres, mais le combustible est brûlé à l'intérieur du cylindre.

Au début du XIXᵉ siècle, on tenta de faire circuler des voitures à vapeur, mais ce fut un échec, le charbon ou le bois prenant trop de place. On chercha alors à inventer un moteur plus léger et plus efficace. Le principe en fut étudié pour la première fois par le Français Beau de Rochas dès 1862 et appliqué par l'Allemand Nicolas Auguste

Dans un moteur à essence à quatre temps, chaque mouvement de haut en bas ou de bas en haut du piston est appelé un temps : il en faut quatre pour que le cycle soit complet. Premier temps : un mélange air-combustible est admis dans le cylindre, au-dessus du piston. Deuxième temps : le mélange est comprimé. Troisième temps : le mélange comprimé est enflammé ; il se produit une explosion qui repousse le piston violemment vers le bas. Quatrième temps : le piston remonte et expulse les gaz à l'extérieur du cylindre. Ces quatre temps se reproduisent de façon ininterrompue aussi longtemps que le moteur est en marche.

Gottlieb Daimler et son automobile à essence. 1886.

Otto en 1870. Le moteur inventé par ce dernier utilisait du gaz de ville.

Ce moteur se distinguait des autres machines de l'époque en ce qu'il comprimait fermement le gaz dans un cylindre avant qu'il ne soit enflammé et brûlé. Il obtenait ainsi une puissance accrue. Les mouvements d'aller et retour du piston dans le cylindre étaient convertis en rotation au moyen d'un vilebrequin. Pour faire exécuter un tour complet (ou cycle) au vilebrequin, Otto imagina quatre mouvements, ou temps du piston. Son moteur fut connu alors sous le nom de moteur à quatre temps et le principe sous celui de cycle d'Otto, du nom de son inventeur.

La circulation dans une rue de Bangkok. Il existe actuellement plus de 200 millions d'automobiles dans le monde, et ce nombre ne cesse de croître. Dans la plupart des villes, les rues ne sont pas plus larges qu'il y a cinquante ans. On comprend pourquoi le trafic devient de plus en plus dense et difficile.

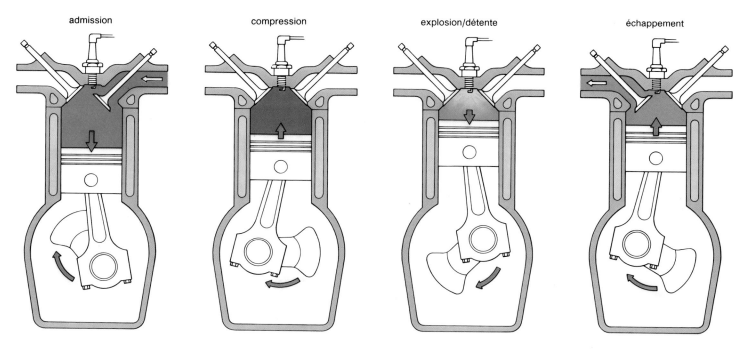

admission   compression   explosion/détente   échappement

Dans un moteur moderne à quatre temps, on utilise comme combustible de l'essence mélangée à de l'air. Pendant l'admission de ce mélange, le piston se retire, laissant alors entrer la vapeur d'essence par une soupape : c'est l'admission. La soupape d'admission se ferme lorsque le piston commence à monter dans le cylindre pour comprimer le mélange air-essence : c'est la compression. Le mélange étant fortement comprimé dans le haut du cylindre, une étincelle électrique produite par une bougie l'enflamme et le fait exploser : c'est le troisième temps, ou explosion. Les gaz ainsi produits repoussent violemment le piston vers le bas. Lorsque le piston remonte vers le haut (quatrième temps), la soupape d'échappement s'ouvre et les gaz brûlés sont évacués : c'est l'échappement. Et le cycle recommence.

Un des inconvénients du moteur à combustion interne ou du moteur à essence est qu'il est bruyant. De plus, les gaz d'échappement polluent l'atmosphère car ils contiennent des produits toxiques tels que du monoxyde de carbone et des composés à base de plomb, qui sont dangereux pour la santé. Le cycle d'Otto se répète des milliers de fois par minute quand le moteur marche. Durant la vie du moteur, il peut se répéter cinq cent millions de fois. On peut imaginer l'ampleur du problème posé par la pollution. Pour y remédier, les fabricants commencent à produire des autos plus économiques, comportant un ordinateur qui indique les niveaux de consommation et règle, parfois, automatiquement la marche du moteur. On espère pouvoir utiliser, au lieu de l'essence, de l'hydrogène ou du méthane, qui sont des sources d'énergie

Ce prototype est propulsé par un moteur électrique dont les batteries pèsent 500 kg (soit plus que le poids d'un plein réservoir d'essence). Il faut 220 kg de batteries fonctionnant à l'acide et au plomb pour fournir autant d'énergie qu'un litre d'essence. Ce poids est quelque peu réduit avec les batteries nickel-fer ou nickel-cadmium, mais leur prix de revient est très élevé. Le poids et la capacité limitée des batteries empêchent la voiture électrique de se développer.

Il existe des dispositifs afin d'économiser l'énergie dans les voitures modernes. Celui-ci, dû à Ford, comprend un ordinateur de bord contrôlant la consommation, ainsi qu'une carte routière électronique indiquant la direction à prendre à chaque carrefour pour atteindre la destination prévue.

inépuisables. Une autre amélioration serait l'utilisation de voitures électriques. Mais on ne sait pas encore fabriquer des accumulateurs d'électricité légers et puissants pour faire tourner ces moteurs, silencieux et non-polluants, autrement que sur des trajets réduits et à des vitesses assez faibles.

Premières rencontres avec l'électricité

Qu'est-ce que l'électricité? Personne ne l'a inventée, mais les anciens Grecs la connaissaient déjà un peu. Cependant, ce n'est que depuis environ cent ans que nous avons appris comment on pouvait s'en servir dans les maisons et les usines.

L'électricité est une forme d'énergie. Nous ne pouvons ni la voir, ni la sentir, ni l'entendre. Si nous la touchons, nous risquons de recevoir un choc électrique. Nous connaissons l'électricité grâce à ce qu'elle peut faire : la lampe électrique nous donne de la lumière, la radio émet des sons et nous faisons cuire une partie de notre nourriture dans le four électrique.

force : l'attraction de la paille par l'ambre. Plus près de nous, au XVIᵉ siècle, le médecin de la reine Élisabeth Iʳᵉ d'Angleterre, William Gilbert, découvrit que d'autres substances, comme le soufre et le verre, pouvaient également, lorsqu'elles étaient frottées, attirer de petits objets très légers, tout comme le faisait l'ambre. Il appela ces substances «électriques», croyant que lorsqu'elles étaient frottées elles se chargeaient (ou se remplissaient) d'électricité. En 1733, un savant français, Charles du Fay, suspendit deux perles d'ambre sur deux fils de coton. Lorsque ces perles eurent été chargées par frottement avec un tissu et

Il y a deux sortes d'électricité. L'une est appelée électricité statique car elle ne change pas de place, l'autre est appelée courant électrique parce qu'elle s'écoule.

Le mot électricité vient du grec *elektron*, qui veut dire ambre. L'ambre est une résine d'arbre durcie et fossile. Il y a plus de deux mille ans vivait un philosophe grec nommé Thalès. Il remarqua que lorsqu'on frottait une perle d'ambre sur un morceau de soie, elle attirait vers elle de petits fragments de paille. Il venait de découvrir une nouvelle

qu'elles furent placées l'une à côté de l'autre, il s'aperçut qu'elles se repoussaient mutuellement. Il en était de même avec deux perles de verre chargées. Mais, à son grand étonnement, quand il plaça une perle d'ambre chargée à côté d'une perle de verre chargée, les deux perles au contraire s'attirèrent. La charge électrique d'une des perles était donc différente de celle de l'autre. Vers le milieu du XVIIIᵉ siècle, la bouteille de Leyde fut inventée en Hollande. Cette bouteille pouvait accumuler de

Le savant grec Thalès (vers 600 av. J.-C.) remarqua qu'un morceau d'ambre frotté sur de la soie attirait de petits brins de paille. Il avait découvert l'électricité statique.

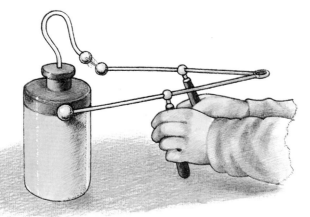

La bouteille de Leyde fut inventée dans la ville de Leyde, en Hollande, vers le milieu du XVIIIe siècle. Elle pouvait emmagasiner de l'électricité lorsqu'une charge d'électricité statique y pénétrait grâce à une tige de bronze. La bouteille de Leyde fut le premier condensateur.

l'électricité et la libérer ensuite. Un tel dispositif s'appelle aujourd'hui un condensateur. Il ne faut pas le confondre avec une pile, qui produit de l'électricité par un procédé chimique. L'inventeur de la bouteille de Leyde, Pieter Van Musschenbroek, découvrit aussi que les effets d'un choc électrique pouvaient être dangereux : un choc électrique accidentel le renversa et le terrifia.

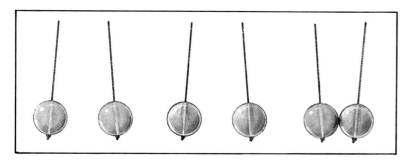

Si deux perles d'ambre sont suspendues à des fils et frottées, elles se repoussent l'une l'autre. La même chose se produit avec deux perles en verre. Au contraire, si on suspend côte à côte une perle de verre et une perle d'ambre, elles s'attirent. Il y a donc deux sortes de charges électriques, l'une positive, l'autre négative.

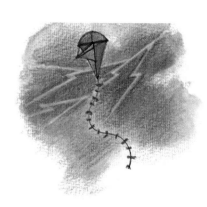

Benjamin Franklin (1706-1790). En 1752, il fit voler un cerf-volant au cœur d'un orage. L'électricité descendit le long de la corde humide et produisit des étincelles entre la clé suspendue au bas de la corde et le doigt de Franklin. Cette expérience conduisit à l'invention du paratonnerre, généralement constitué par un conducteur de cuivre courant du toit des bâtiments à la terre. Franklin survécut à son expérience, mais d'autres savants y trouvèrent la mort.

Vers la même époque, un Américain, Benjamin Franklin, et son fils risquèrent leur vie en faisant voler un cerf-volant pendant un orage. Ayant attaché à la corde du cerf-volant une clé en métal, B. Franklin vit des étincelles se produire entre cette clé et son doigt lorsqu'il approchait celui-ci. Cette constatation conduisit à l'invention du paratonnerre, qui protège maintenant les immeubles de la foudre.

Les fibres synthétiques modernes et les plastiques se chargent facilement d'électricité statique. Lorsque vous enfilez ou ôtez une chemise de Nylon dans l'obscurité, vous entendez des craquements et voyez parfois de petites étincelles. L'étincelle décharge l'électricité retenue par le Nylon : c'est un courant électrique. L'électricité statique et le courant électrique sont de même nature.

La découverte du courant électrique

En 1791, un Italien nommé Luigi Galvani, qui vivait et travaillait à Bologne, fit une étrange découverte. Il était physiologiste, c'est-à-dire qu'il enseignait la science des êtres vivants. Pour ses démonstrations, il utilisait des grenouilles. Or, il remarqua qu'en touchant les muscles d'une grenouille morte avec deux morceaux de métal différents ces muscles se contractaient.

Un autre savant italien, Alessandro Volta, poursuivit ces expériences en essayant différents métaux humidifiés avec de l'eau salée. Il fabriqua finalement une pile de disques de cuivre et de zinc séparés par des tissus imbibés de solution saline et constata que les extrémités de cet empilement produisaient du courant électrique : d'où le nom de pile de Volta donné à cet appareil. En 1801, Volta montra son invention à Napoléon Bonaparte à Paris. On pouvait désormais produire du courant électrique. Le savant Humphry Davy, qui inventa la lampe de sûreté des mineurs, perfectionna alors la pile de Volta pour l'adapter à son travail. Dès 1810, il lui fut possible de montrer à l'Institut Royal de Londres la première lampe à arc électrique. Les effets de l'électricité sur certains liquides l'intéressèrent beaucoup : il découvrit alors le procédé de décomposition de l'eau en hydrogène et oxygène sous l'influence du courant électrique, l'électrolyse. Le magné-

Cette gravure datant de 1791 montre une des expériences faites par Luigi Galvani (1737-1798). À la suite de celle-ci, il montra qu'il y avait une relation entre l'électricité et l'activité musculaire.

Alessandro Volta (1745-1827) présentant sa première pile électrique à Napoléon Bonaparte en 1801. Il l'avait appelée « organe électrique artificiel », mais on la connaît mieux sous le nom de « pile de Volta ». L'unité électrique, le volt, est dérivée de son nom.

La pile de Volta.
Deux électrodes, l'une en cuivre, l'autre en zinc, sont suspendues dans une solution acide. Si un fil réunit ces deux électrodes, il y passe un courant électrique.

tisme fut certainement connu dans la Chine ancienne et des aimants constitués de magnétite (une sorte de pierre) y furent utilisés pour faire des boussoles. La relation existant entre le magnétisme et l'électricité fut découverte en 1820 par un savant danois, Hans Œrsted. Il remarqua que, si on plaçait un fil parcouru par un courant électrique près d'une boussole, l'aiguille se trouvait déviée : il avait découvert l'effet électromagnétique. Vers la même époque, un jeune homme nommé Michael Faraday, intéressé par les conférences d'Humphry Davy, devint son assistant bien que n'ayant que 21 ans. Connaissant l'expérience d'Œrsted et l'effet électromagnétique, il pensa alors qu'il devait être possible de produire l'effet inverse et que le magnétisme pouvait être, selon ses propres mots, « converti en électricité ».

En 1831, Faraday réussit à produire un courant électrique en faisant tourner un disque de cuivre entre les branches d'un gros aimant. Il avait inventé la dynamo. Les générateurs d'électricité de nos centrales électriques actuelles sont tous basés sur les découvertes de Faraday.

Laboratoire de Faraday au Royal Institut de Londres. Michael Faraday (1791-1867) fut professeur de chimie au Royal Institut pendant plus de trente ans. Il est devenu célèbre grâce à ses expériences de physique, particulièrement ses travaux sur l'électromagnétisme. Il fut surnommé « le Père de l'électricité ».

Lampe électrique d'Edison. L'inventeur américain Thomas Edison (1847-1931) introduisit la lampe électrique aux États-Unis en 1879. Il utilisait un filament de bambou recouvert de carbone, placé dans une ampoule vide d'air afin qu'il ne brûle pas. Les lampes modernes sont remplies de gaz comme l'argon, qui donnent une lumière plus brillante.

Appareil d'électrolyse de Faraday. Deux électrodes passent dans la sphère et le tube à essai (en haut), qui sont remplis d'eau. Lorsqu'un courant circule entre les électrodes, l'eau est décomposée en hydrogène et en oxygène, qui se rassemblent au sommet du tube.

Les lampes à arc donnent une très vive lumière blanche lorsque le courant électrique forme une étincelle continue (ou arc) entre deux électrodes de charbon. C'est un soir de septembre 1881 que les habitants de Godalming, en Angleterre, eurent la surprise de voir pour la première fois leurs rues éclairées par l'électricité. L'électricité était alors fournie par un générateur actionné par un moulin à eau. Les lampes à arc ont des inconvénients. Elles s'échauffent beaucoup et produisent de la fumée. Un courant électrique passant dans certains types de fils porte ceux-ci au rouge : c'est l'effet calorique (effet Joule) de l'électricité, qui est utilisé pour le chauffage et la cuisine. Si le fil est très fin, il est alors chauffé à blanc et donne de la lumière.

Mais il fallait trouver un filament qui, sous l'effet de la chaleur, ne brûle ni ne se volatilise. Joseph Swan en Angleterre et Thomas Edison aux États-Unis trouvèrent en même temps la solution de ce problème. Ils utilisèrent un filament de carbone qu'ils enfermèrent dans une ampoule en verre où un vide partiel avait été fait : la lampe électrique était inventée.

La nature de l'électricité

Pour comprendre la nature de l'électricité, il faut tout d'abord examiner les atomes. Ce sont des particules qui composent tout ce qui existe. Les atomes sont si petits qu'on ne peut les voir. Lorsqu'un rayon de lumière passe dans une pièce obscure, vous pouvez voir les minuscules poussières qui dansent dans l'air et sont illuminées. Chacune de ces poussières se compose d'au moins 50 000 atomes. Avec le plus puissant des microscopes, on ne peut voir que des particules groupant environ 2 000 atomes.

Un des meilleurs isolants est le verre. Cette photo montre des isolateurs en verre sur un pylône électrique faisant partie d'un réseau de distribution à haute tension.

L'atome d'hydrogène est le plus léger des atomes, et le plus simple. Il n'a qu'un proton pour constituer son noyau, et un seul électron en orbite.

L'atome de carbone possède six protons et six neutrons dans son noyau, ainsi que six électrons.

L'atome de cuivre possède 29 protons. Ses 29 électrons sont en orbite autour du noyau.

Les savants ont cependant découvert que ces atomes étaient eux-mêmes constitués de plusieurs autres éléments plus petits. Les atomes ne sont pas tous semblables et varient tant en masse qu'en taille. On peut imaginer un atome comme une balle dure aux contours flous. Son centre, ou noyau, est fait de protons et de neutrons. Les électrons tournent autour du noyau un peu comme des satellites tournent autour de la Terre. Les électrons sont en même nombre que les protons du noyau.

Électrons et protons portent une charge électrique, positive (+) pour les protons, et négative (−) pour les électrons. Les charges étant égales, un proton (+) et un électron (−) s'annulent. Comme il y a autant de protons que d'électrons, un équilibre existe qui rend l'atome électriquement neutre. Les neutrons du noyau ne sont pas chargés. L'hydrogène possède les atomes les plus simples qui soient, car chacun d'eux n'a qu'un seul proton (noyau) et un seul électron. C'est pourquoi l'hydrogène est le plus léger des corps et fut autrefois utilisé pour remplir les ballons et les dirigeables. Le cuivre, quant à lui, est lourd : son noyau possède 29 protons, et 29 électrons sont en mouvement autour de lui.

Les électriciens divisent les matériaux en conducteurs et en isolants. Qu'est-ce que cela signifie ? Les bons conducteurs possèdent des atomes avec un électron supplémentaire, ou libre, qui peut « danser » d'un atome à l'autre. En revanche, les atomes des isolants ont un nombre fixe d'électrons qui demeurent strictement en orbite autour du noyau.

Le cuivre est bon conducteur de la chaleur et de l'électricité. Les atomes des métaux sont toujours disposés de manière régulière et, si une pièce en cuivre fait partie d'un circuit électrique, les électrons libres commencent à circuler dans une seule direction. C'est ce flot d'électrons libres qui produit le courant électrique.

Des métaux comme le cuivre et l'argent sont de bons conducteurs. Les plastiques, le bois et le verre sont des isolants, mais il y a des exceptions à cette règle. La mine de graphite d'un crayon, par exemple, conduit l'électricité. Le graphite est une sorte de carbone et n'est pas métallique. Il existe également des matériaux appelés semi-conducteurs, qu'on utilise pour faire des transistors.

Les nerfs de notre corps utilisent l'électricité qui passe par des fibres et non des métaux. Les messages circulent le long de ces fibres à des vitesses variables allant de un à cent mètres par seconde. Notre corps fonctionne à une tension d'environ 0,12 volt (les volts sont expliqués dans le chapitre suivant).

Dans un circuit utilisant une pile, le flot d'électrons part de la pile et y revient après avoir «bouclé la boucle». Bien qu'une pile ne soit pas une pompe, elle fonctionne à peu près de la même façon en obligeant les électrons à s'engager dans le circuit. Si le circuit est interrompu, par un interrupteur ou parce que le fil est coupé, le flot des électrons s'arrête. Quand la pile a utilisé toute sa capacité d'énergie chimique, elle s'arrête de pomper : dans ce cas, on dit qu'elle est «à plat».

Si le courant électrique est un flot d'élec-

Lors d'un orage, les éclairs sont produits par le mouvement des électrons qui se déplacent à très grande vitesse d'un nuage vers l'autre ou des nuages vers la terre comme le montre la photo ci-dessus.

Dans un bon conducteur, par exemple un fil de cuivre, les électrons libres se déplacent au hasard : aucun courant ne passe. Lorsque le fil est placé dans un circuit électrique, les électrons libres de ses atomes se déplacent dans la même direction : le courant passe.

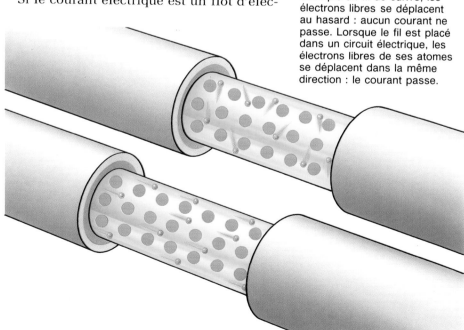

trons, comment alors expliquer l'électricité statique ? Une charge peut exister dans des matériaux tels que le Nylon ou le caoutchouc, alors que ces matériaux sont des isolants. L'ancien nom de l'électricité statique, l'électricité de frottement, nous donne la solution de ce problème. Car c'est en frottant ces matières qu'on les charge d'électricité.

On peut charger un bâtonnet ou un peigne en plastique en les frottant avec un morceau de tissu. Or, dans le tissu, les atomes n'ayant pas d'électrons fermement attachés quelques-uns de ceux-ci se détachent, et collent au plastique. Il en résulte que le plastique possède alors des électrons libres, de charge négative, tandis que le tissu possède désormais des protons en trop : sa charge est positive.

Il est difficile de comprendre l'électricité parce que les électrons sont si petits qu'on ne peut les voir. Cependant, elle constitue la forme la plus importante des énergies utilisables.

Volta, Ampère et Ohm

Nous savons que le courant électrique est un flux d'électrons allant d'un point à un autre à travers un conducteur. Il faut également savoir dans quelle direction voyage ce flux. Autrefois, les savants pensaient que l'électricité allait du pôle positif (+) au pôle négatif (−) d'une pile. Lorsqu'on découvrit l'existence de l'électron, il y a environ cent ans, il fallut réviser ces notions. Il devint évident que le flux des électrons allait dans le sens inverse : du pôle négatif au pôle positif d'une pile après avoir parcouru un circuit. On appelle ce phénomène le flux d'électrons.

Nous utilisons tellement d'électricité que nous devons pouvoir la mesurer. Si on compare le flux d'électrons le long d'un fil à l'écoulement de l'eau, nous comprenons mieux ce qui se passe. Pour faire couler de l'eau dans un tuyau, il faut utiliser soit la force de la gravité, soit une pompe afin d'avoir de la pression. Dans un circuit électrique, c'est la pile qui agit comme une pompe. La pression de l'électricité est appelée force électromotrice (f.e.m.) et est mesurée en *volts* (du nom d'A. Volta). Le dessin ci-dessous montre que si on double la quantité d'eau contenue dans un réser-

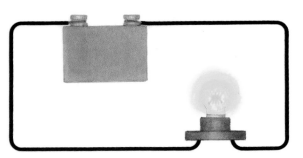

est extrêmement dangereuse. On mesure la tension avec un appareil appelé voltmètre.

Dans le conducteur d'un circuit, un fil de cuivre par exemple, le flux des électrons n'est pas absolument régulier car il rencontre une certaine résistance. Si un gros tuyau laisse passer facilement de l'eau, un gros conducteur agira de même avec les électrons. Un tuyau étroit oppose une résistance à l'eau, un fil mince opposera une résistance au flux des électrons. Mais il faut aussi savoir en quoi est fait le fil. Le fil de cuivre offre peu de résistance et est utilisé dans les maisons et les usines. Un fil en alliage de nickel-chrome résiste beaucoup plus : on l'utilise dans les éléments de chauffage, car sa résistance au passage des électrons le fait chauffer.

Par convention le courant électrique va du pôle positif (+) au pôle négatif (−). En réalité, le flot des électrons (ou flux électrique) se déplace dans la direction opposée, allant du pôle négatif (−) au pôle positif (+).

voir, la pression est également doublée et l'eau jaillit plus loin. Il en est de même avec l'électricité : si on double les éléments d'une pile, on double le voltage, ou tension. Au cours des expériences avec l'électricité, on n'utilise que des circuits à basse tension, de 4, 6 ou 12 volts par exemple. L'électricité du secteur à 220/240 volts

La pression électrique dans un circuit, ou force électromotrice (f.e.m.), peut être comparée à la pression de l'eau dans un récipient. Le dessin de gauche montre une seule pile et un réservoir ne contenant que peu d'eau : la pression à la base est faible. Dans le dessin de droite, on a deux piles superposées et le double de l'eau dans le réservoir : la pression de l'eau est double. Il en est de même pour la f.e.m. des piles. La force électromotrice est mesurée en volts.

Un gros tuyau laisse passer l'eau plus facilement qu'un petit tuyau. De même, un gros conducteur laissera passer l'électricité plus aisément qu'un conducteur plus fin.

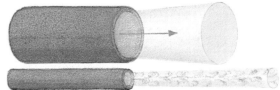

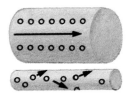

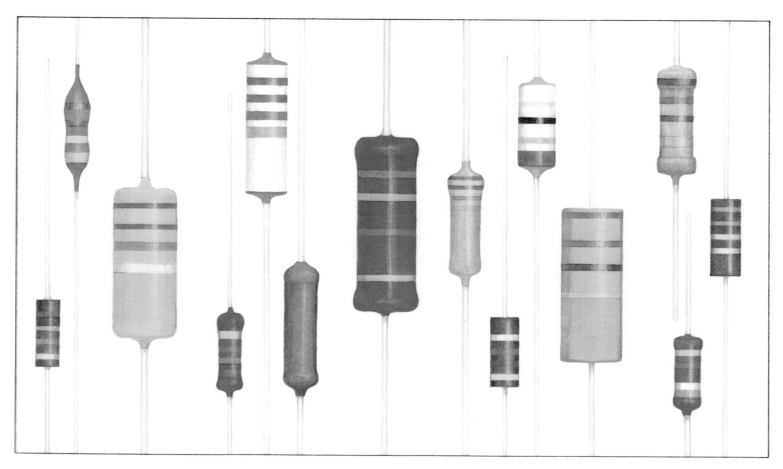

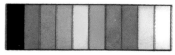

Cette illustration montre différentes résistances au carbone. Un code international des couleurs (voir ci-dessus) permet de lire la valeur de la résistance en ohms. Les deux premiers anneaux donnent le chiffre des dizaines et celui des unités, le troisième indique le nombre de zéros venant ensuite. Le quatrième anneau, doré ou argenté, indique la précision du résultat.

Ci-dessus, une résistance ordinaire à fil.

L'unité de résistance est l'*ohm*, du nom du savant allemand Georges Simon Ohm. De nombreux appareils électriques, comme la radio et la télévision, possèdent des résistances. Une résistance peut être composée d'un bâtonnet de carbone ayant une résistance de valeur déterminée, par exemple 140 ohms. Sur le dessin on peut voir comment ces valeurs sont indiquées. Cependant, quelques résistances ont leur valeur indiquée par un nombre suivi du symbole Ω, pour ohm.

Mesurer du courant équivaut à compter les électrons qui passent, ce qui est impossible car environ six milliards d'électrons peuvent passer chaque seconde. En 1881, on donna le nom du physicien français André Marie Ampère à l'unité qui sert à mesurer ce flux, l'*ampère*. Un ampère est donc équivalent au nombre d'électrons qui passent dans un circuit chaque seconde : on le mesure avec un appareil nommé ampèremètre. Donc :
— la tension électrique (f. e. m.) est mesurée en volts ;
— la résistance électrique est mesurée en ohms ;
— le courant électrique est mesuré en ampères.

En 1826, Georges Ohm découvrit qu'une relation simple existait entre ces unités : c'est la loi d'Ohm, qui sert à la plupart des calculs ordinaires concernant le courant électrique :

$$\text{courant électrique} = \frac{\text{tension électrique}}{\text{résistance électrique}}$$

$$\text{ou : ampères} = \frac{\text{volts}}{\text{ohms}}$$

Si deux seulement de ces valeurs sont connues, on peut aisément trouver la troisième. Difficile à comprendre parce qu'elle est invisible, l'électricité ne peut être connue que par l'intermédiaire des mesures.

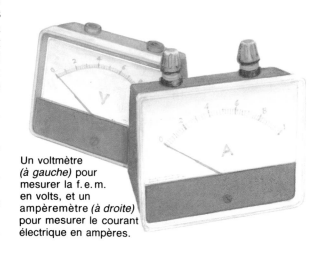

Un voltmètre (à gauche) pour mesurer la f. e. m. en volts, et un ampèremètre (à droite) pour mesurer le courant électrique en ampères.

Électricité et magnétisme

Vers 1600, William Gilbert écrivit un traité sur le magnétisme, intitulé *De magnete*. Il croyait que la Terre était un immense aimant. Afin de vérifier sa théorie, il façonna une pierre de magnétite en forme de boule et plaça à sa surface de petites aiguilles en fer. Il constata que toutes les aiguilles pointaient vers le nord et vers le sud.

La pierre d'aimant était déjà connue des anciens Grecs et des Chinois comme possédant l'étrange pouvoir d'attirer les objets en fer. Il s'agit d'une roche brun foncé appelée magnétite. Son nom vient de la ville de Magnesia, en Grèce, où on en trouvait.

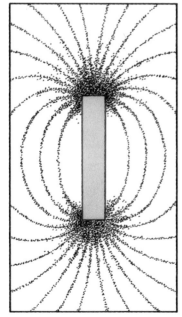

William Gilbert (1540-1603).

Magnétite du XVIIᵉ siècle, enchâssée dans une armature en bronze. Ces magnétites étaient utilisées sur les navires pour aimanter les aiguilles des boussoles.

Ce croquis *(ci-dessous)* montre comment magnétiser une aiguille d'acier avec un aimant.

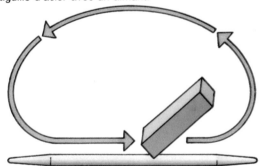

Champ magnétique *(ci-dessous)*. Les lignes de forces entourant l'aimant sont matérialisées par la limaille de fer qui se dispose ainsi en rayonnant à partir des pôles.

Si vous possédez un fort aimant, vous pouvez aimanter une aiguille d'acier en le frottant plusieurs fois dessus comme le montre le dessin. À l'intérieur d'une aiguille, il y a des parties que l'on nomme des domaines. Chacun de ces domaines se comporte comme s'il était composé de plusieurs aimants plus petits. Avant que l'aiguille ne soit aimantée, chacun de ses domaines avait une direction différente. Mais, après avoir été frottés par l'aimant, tous les domaines de l'aiguille se trouvent orientés dans le même sens.

Les pôles d'un aimant sont faciles à distinguer : ce sont les parties de l'aimant où les forces d'attraction paraissent être les plus fortes. Le pôle de l'aimant qui tente toujours de se diriger vers le nord se nomme pôle Nord, et l'autre le pôle Sud. Les aimants s'attirent ou se repoussent entre eux selon une règle immuable : les pôles contraires s'attirent, alors que les pôles de même nature se repoussent. Le champ magnétique d'un aimant est la propriété de l'espace autour de lui dans lequel ces effets se font sentir. On peut le déterminer en plaçant de la limaille de fer, comme sur notre dessin ; les lignes qu'elle dessine alors sont appelées lignes de flux magnétique.

Hans Christian Œrsted avait découvert en 1819 qu'un fil parcouru par un courant électrique était toujours entouré par un champ magnétique. Plus tard, un savant

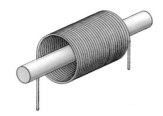

En faisant passer un courant électrique dans une bobine, on crée une force magnétique. Si un noyau de fer est introduit au centre de la bobine, il en résulte une force magnétique accrue.

américain, Joseph Henry, constata qu'en faisant passer un courant électrique dans une bobine de fil de cuivre on pouvait produire un fort champ magnétique. Puis William Sturgeon plaça une barre de fer au centre de la bobine et trouva que le champ magnétique alors produit était encore plus puissant : on appela ce dispositif électro-aimant, ou encore solénoïde. On peut produire ce champ magnétique à volonté et le couper de même. Les électroaimants sont très utilisés dans les appareils de téléphone, les sonneries et surtout les moteurs électriques. Michael Faraday découvrit comment utiliser le magnétisme pour produire de l'électricité. Le 17 octobre 1831, il montra qu'on pouvait produire un courant électrique en déplaçant une barre de fer aimantée à l'intérieur d'une longue bobine. Douze jours après, il fit tourner un disque de cuivre entre les pôles d'un grand aimant : il venait d'inventer la dynamo, ou générateur d'électricité.

Générateurs et moteurs électriques sont presque semblables, mais ils produisent des effets inverses. Dans un moteur, le courant fait tourner un rotor qui fournit alors une énergie mécanique. En revanche, le rotor du générateur est mû par une force mécanique (vapeur ou autre) pour produire de l'électricité. L'énergie mécanique est transformée en énergie électrique.

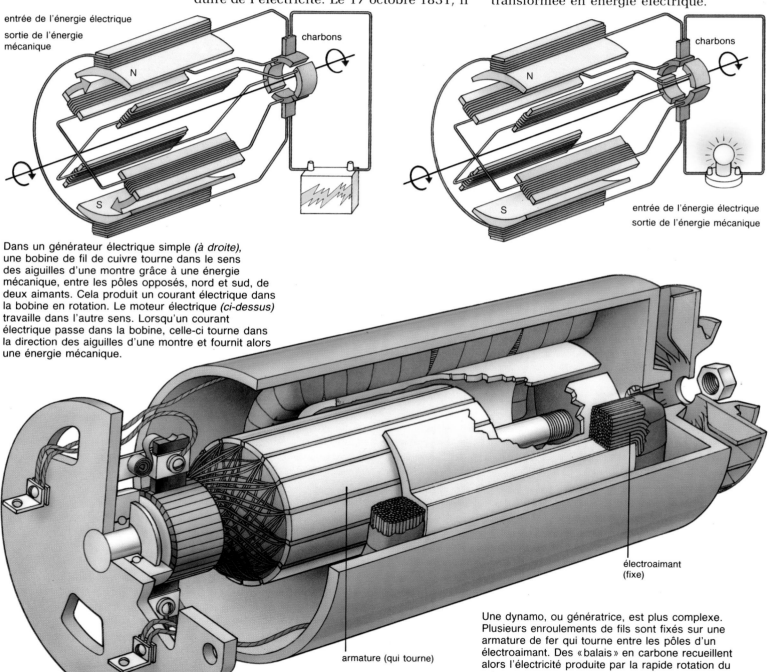

entrée de l'énergie électrique
sortie de l'énergie mécanique
charbons
N
S

charbons
N
S
entrée de l'énergie électrique
sortie de l'énergie mécanique

Dans un générateur électrique simple (à droite), une bobine de fil de cuivre tourne dans le sens des aiguilles d'une montre grâce à une énergie mécanique, entre les pôles opposés, nord et sud, de deux aimants. Cela produit un courant électrique dans la bobine en rotation. Le moteur électrique (ci-dessus) travaille dans l'autre sens. Lorsqu'un courant électrique passe dans la bobine, celle-ci tourne dans la direction des aiguilles d'une montre et fournit alors une énergie mécanique.

électroaimant (fixe)

armature (qui tourne)

Une dynamo, ou génératrice, est plus complexe. Plusieurs enroulements de fils sont fixés sur une armature de fer qui tourne entre les pôles d'un électroaimant. Des «balais» en carbone recueillent alors l'électricité produite par la rapide rotation du rotor.

Centrales électriques et production d'électricité

Après que Michael Faraday eut découvert le moyen de produire de l'électricité, il fallut attendre de nombreuses années avant que cette découverte puisse être mise en application. Au début, l'électricité ne fut utilisée que pour l'éclairage des grands bâtiments et des usines, chacune ayant son propre générateur. Ces machines produisaient alors du courant continu circulant dans un seul sens.

C'est en 1882 que fut construite la première centrale électrique, fonctionnant à la vapeur. C'est Thomas Edison qui l'installa à New York. On en construisit également à Londrès et sur la côte sud de l'Angleterre. Le transport de l'énergie produite dans des câbles placés dans les fossés bordant les routes représentait un tel danger qu'il fallut remplacer le courant continu par du courant alternatif.

Salle des dynamos de la première centrale électrique de New York, installée par Thomas Edison.

C'est en 1889 que la première grande centrale à courant alternatif fut installée à Deptford, à côté de Londres, par l'ingénieur Ferranti. Toute l'électricité à usage public est à présent de type alternatif, ce qui signifie que le flux d'électrons passe alternativement dans un sens et dans l'autre : ce type de courant est produit par un générateur appelé alternateur.

Dans les centrales électriques, les alternateurs sont alimentés par des turbines à vapeur. La vapeur est produite dans des chaudières chauffées au charbon ou au pétrole, ou encore par la chaleur dégagée par des réactions nucléaires.

Les premiers générateurs utilisaient la vapeur. Ils étaient bruyants et vibraient beaucoup. Aussi, en 1884, un Anglais, Charles Parsons, inventa-t-il un nouveau type de machine, la turbine à vapeur, qui convertissait directement l'énergie de la vapeur en mouvement rotatif, ainsi que le fait un moulin à vent. Comme ce dernier, la turbine de Parsons utilisait des ailes. Mais, au lieu d'avoir quatre bras en bois et toile, elle possédait un grand nombre d'ailettes en acier. La vapeur passait d'abord à travers des ailettes fixes puis était dirigée vers des roues à ailettes qu'elle faisait tourner très rapidement. Ces roues à ailettes étaient au

Cette génératrice à turbines produit 660 MW d'électricité. On la voit ici sans son couvercle, pendant des essais. Remarquez les nombreuses rangées d'ailettes.

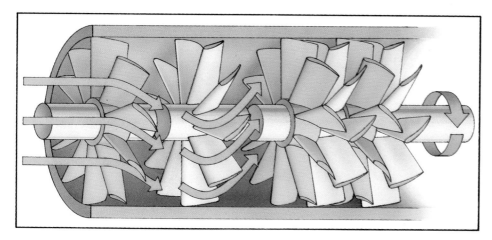

nombre de 25, mises les unes à la suite des autres et toutes solidaires d'un même axe. Les turbines modernes suivent le même principe.

Les centrales hydroélectriques utilisent comme source de puissance l'énergie de l'eau courante. L'eau est d'abord accumulée derrière un grand barrage d'où elle arrive par des conduites jusqu'à une turbine à eau qui fait tourner l'alternateur. Les centrales hydroélectriques coûtent cher à construire mais leur fonctionnement est très bon marché.

À l'heure actuelle, les centrales électriques sont reliées entre elles par un système de pylônes et de câbles appelé réseau. Cela permet d'envoyer de l'électricité à de grandes distances et même de l'exporter. On augmente ou on diminue la tension au moyen d'un transformateur.

Un transformateur est constitué par deux enroulements de fils séparés sur un noyau annulaire en fer doux. Selon le nombre d'enroulements du primaire (arrivée) et du secondaire (sortie), la tension peut être augmentée ou diminuée. Si le primaire est formé par exemple de deux cents tours et le secondaire de seulement cent tours, la tension de sortie sera la moitié de celle d'arrivée. Un transformateur ne peut fonctionner qu'avec du courant alternatif.

Turbine à vapeur de Parson, conçue en 1884. Elle fut le prototype de toutes les turbines utilisées jusqu'à présent. Une rangée de pales (ailettes) remplace les roues, produisant ainsi par rotation, la plus grande force qu'il est possible d'obtenir de la vapeur.

Le transformateur est la partie essentielle d'un réseau. Il est en effet moins coûteux (on perd moins d'énergie) de recourir à une tension élevée pour transporter le courant sur de longues distances. Cette tension peut aller de 25 000 à plus de 132 000 volts. Là où on désire utiliser l'électricité, la tension est abaissée jusqu'à 220/240 volts par d'autres transformateurs.

Pylônes portant des câbles à haute tension tels qu'on peut en voir fréquemment.

Trois turbines à gaz d'une centrale thermique au charbon. Le grand avantage des turbines à gaz est qu'elles peuvent atteindre leur pleine puissance en quelques secondes.

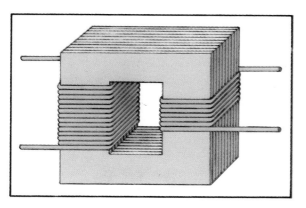

Transformateur simple *(à gauche)*. Le noyau est constitué de plaques de fer doux autour desquelles sont enroulés deux fils. Ici, le voltage du fil de gauche sera le double de celui de droite, car il comprend deux fois plus d'enroulements. Ainsi le voltage peut être augmenté ou diminué à volonté.

Une sous-station de transformateurs *(à droite)*. Celle-ci convertit du courant de 132 000 volts en 275 000 volts.

Charbon et gaz de houille

Le charbon est constitué principalement des restes décomposés des immenses fougères et des arbres qui couvraient une partie de la Terre il y a des centaines de millions d'années. Quand les plantes meurent, elles tombent sur le sol et pourrissent, formant alors une couche de matière tendre appelée tourbe. On trouve cette tourbe en surface dans les régions marécageuses. On peut la couper, la sécher et l'utiliser comme combustible. Elle représente le premier stade de la formation du charbon.

Au cours des années, le sable et la boue l'ont recouverte et, sous cet énorme poids, elle s'est enfoncée, tassée et est devenue du lignite, sorte de charbon brun foncé et ten-

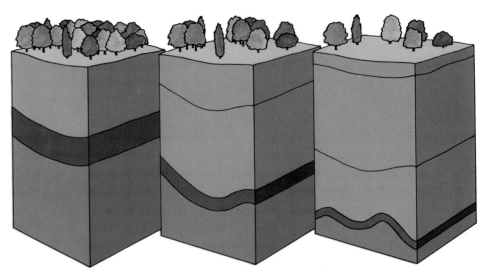

La formation du charbon que l'on extrait aujourd'hui commença dès l'ère carbonifère, il y a environ 300 millions d'années. La végétation marécageuse d'une forêt comme celle-ci se désagrégea, pourrit et se transforma en tourbe. Lorsque des couches successives de sable et d'argile s'accumulèrent par-dessus, elle se comprima et se transforma en lignite. Sous l'effet du poids des couches et l'action de la chaleur de la terre, ce lignite devint du charbon puis, à plus grande profondeur, de l'anthracite.

dre. La pression augmentant, ce lignite a été soumis à la chaleur lorsqu'il a atteint de grandes profondeurs et s'est alors transformé en couches de charbon.

La qualité du charbon varie selon la pression qu'il a subie et la chaleur à laquelle il a été soumis pendant sa période de formation. La qualité inférieure est appelée charbon bitumineux. Il brûle facilement mais produit beaucoup de fumée et de suie, causant ainsi une pollution de l'air dangereuse pour la santé. On l'employait beaucoup autrefois pour le chauffage des habitations et il est encore utilisé dans les foyers à l'air libre, mais son utilisation est interdite dans les zones protégées de certaines villes.

La qualité la meilleure est celle de l'anthracite, ou charbon dur. Il ne brûle bien qu'à haute température. On l'utilise dans les hauts fourneaux et l'industrie et dans des poêles fermés, comme les chaudières de chauffage central. L'anthracite brûle presque sans fumée ni cendre, si on lui fournit de l'air qui lui apporte l'oxygène nécessaire à sa combustion. Ce charbon est aussi appelé houille.

Les différents types de charbons sont des combustibles fossiles, c'est-à-dire qu'ils sont les résidus d'éléments autrefois vivants. Dans un morceau de charbon, il arrive parfois de trouver les empreintes de feuilles qui ont été vertes bien avant l'apparition de l'homme sur la Terre.

On détermine la qualité du charbon selon la quantité de carbone qu'il contient. Les plantes dont il provient étaient constituées pour la moitié de carbone, le reste consistant en divers éléments chimiques comme

Empreinte fossile d'une fougère *(à gauche)* dans une veine de charbon du Yorkshire (Grande-Bretagne).

Tête de coupe d'une excavatrice moderne *(à droite)* dans une mine de charbon. Les jets d'eau permettent d'éviter la poussière.

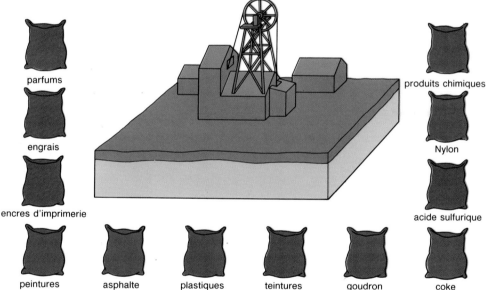

parfums

engrais

encres d'imprimerie

peintures   asphalte   plastiques   teintures   goudron   coke

produits chimiques

Nylon

acide sulfurique

Ce dessin montre quelques-uns des sous-produits dérivés du charbon.

l'azote, l'hydrogène et l'oxygène. Pendant leur transformation en tourbe, puis en lignite et finalement en charbon, les déchets végétaux ont perdu progressivement les éléments chimiques dont ils étaient composés, ce qui a augmenté la teneur en carbone. La tourbe contient environ la moitié de son poids en carbone, le lignite en a plus et le charbon ordinaire à peu près les trois quarts. L'anthracite en contient jusqu'à 95 p. cent. Lorsque le charbon est chauffé sans apport d'air, il ne brûle pas mais se décompose en nombreux dérivés utiles. L'un de ceux-ci est le coke, qui est un combustible employé dans de nombreuses industries et dans les foyers domestiques. Un autre dérivé est le goudron, lequel contient plus de deux cents produits bruts. Ceux-ci sont utilisés pour faire du savon, des graisses, des colorants, des plastiques et des parfums.

La «cuisson» du charbon produit également des gaz, composés pour moitié d'hydrogène, d'un quart de méthane et d'un dizième environ d'azote, en plus de petites quantités d'oxygène, de gaz carbonique et d'autres gaz.

On savait depuis longtemps que le charbon, quand il était chauffé, produisait un gaz inflammable. Jean Tardier, chimiste français, découvrit dès 1618 comment produire du gaz à partir du charbon, mais ne put l'utiliser pour l'éclairage, car la lampe qu'il avait réalisée était trop dangereuse.

Dès le début du XIXᵉ siècle, on produisait de grandes quantités de gaz de charbon dans de nombreux pays et on stockait ce gaz dans d'immenses cuves appelées gazomètres. Des tuyaux conduisaient ce gaz de ville dans les immeubles et les usines, où il était utilisé pour l'éclairage, le chauffage et comme source d'énergie. On l'a maintenant presque partout remplacé par le gaz naturel, qui est extrait des gisements de gaz se trouvant dans le sol. Mais on continue à distiller le charbon, ce qui permet d'obtenir des combustibles et des sous-produits ainsi que du coke. Ce dernier s'emploie en métallurgie pour la fabrication de la fonte en haut fourneau. La production mondiale de charbon a doublé depuis trente ans, et le charbon est encore très largement utilisé dans le monde entier.

La recherche du pétrole

Nous avons besoin de pétrole pour les automobiles, les avions et les bateaux. Nous le brûlons dans les centrales thermiques pour produire de l'électricité. Nous en tirons de nombreux produits, comme les peintures, les plastiques, des tissus et de la nourriture pour les animaux. Les besoins en pétrole augmentent avec l'accroissement de la population. Cependant, il est difficile à trouver et son exploitation coûte cher.

La recherche du pétrole se poursuit sans cesse partout dans le monde. Il se trouve enfoui profondément dans le sol ou sous le fond des océans. Les géologues dont le travail consiste à rechercher les gisements de pétrole savent qu'on peut le trouver dans certains types de roches, sous le désert,

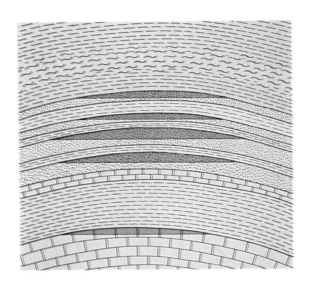

Un anticlinal. Le pétrole se trouve piégé dans des couches de roches poreuses et ne peut s'échapper vers le haut, à cause de la couverture de roches dures imperméables qui les surmontent. En raison de la courbure de l'anticlinal, le pétrole ne peut pas non plus s'échapper latéralement.

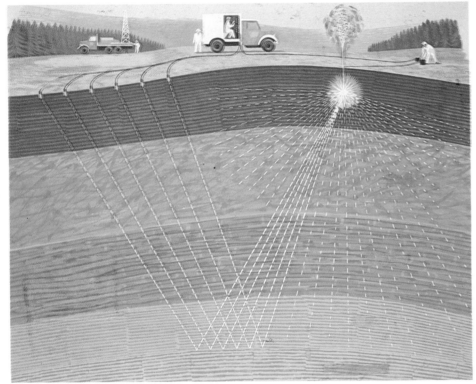

Pour rechercher du pétrole, les géologues utilisent un sismographe. On provoque une petite explosion sous la surface du sol. Les ondes de choc sont alors réfléchies par les différentes couches de terrain et renvoyées à la surface où elles sont enregistrées. On peut alors déterminer leur nature.

sous la jungle ou sous des champs cultivés. Tout d'abord, ils prennent des photographies aériennes pour identifier les formations rocheuses. Puis ils collectent des échantillons de roches pour les étudier. Ces échantillons leur révèlent si les roches profondes peuvent contenir du pétrole, mais ils ne peuvent en être tout à fait sûrs.

Lorsque le pétrole est *offshore*, c'est-à-dire sous la mer, sur le plateau continental, la recherche se fait par bateau. Des explosions envoient des ondes de choc dans le sous-sol marin, qui les renvoie. Les signaux ainsi reçus en retour s'inscrivent sur un diagramme, indiquant la nature des roches et leur situation.

Le pétrole, comme le charbon, est un combustible fossile. Il provient des déchets d'animaux et de végétaux qui vivaient dans des mers peu profondes il y a des millions d'années. Ces déchets tombèrent au fond de la mer, y pourrirent, puis furent recouverts de couches de plus en plus épaisses de sables et de boues qui les emprisonnèrent. Sous la pression, elles se transformèrent en pétrole. Ce pétrole étant léger, il avait tendance à remonter vers la surface mais, alors qu'il pouvait s'infiltrer entre les roches tendres telles que le calcaire et le grès, il se retrouvait pris au piège par les roches dures qu'il rencontrait ; lorsque ces roches dures auxquelles il se heurtait formaient une sorte de grand dôme, ou anticlinal, il ne pouvait plus s'échapper. Un glissement de terrain, ou faille, pouvait aussi le retenir, lui opposant une barrière. D'autres formes de couches rocheuses constituent également des zones où le pétrole peut s'accumuler. Les chercheurs de pétrole doivent donc trouver ces poches remplies de pétrole. Ils construisent alors un derrick au-dessus de l'endroit où ils supposent qu'il s'en trouve une et creusent un puits d'essai. Ce derrick doit être très solide afin de pouvoir supporter le poids des tiges de forage (le tubage) dont le nombre augmente au fur et à mesure qu'elles s'enfoncent plus profondément dans le sol.

La tête foreuse, ou trépan, se trouve fixée à une tige longue de dix mètres, qu'un puissant moteur fait tourner à environ 40 tours par seconde. On ajoute d'autres tiges de dix mètres chaque fois que le trépan s'enfonce d'autant dans le sol. Le trépan s'use vite et doit être changé environ toutes les vingt ou trente heures de fonctionnement. On soulève alors toute la chaîne de forage, tige après tige pour le changer, ce qui peut demander dix ou quinze heures de travail.

Pour éviter que les parois du puits ne s'effondrent, ce qui empêcherait de remonter le trépan, on enfonce en même temps

Le forage d'essai est une autre étape de la recherche du pétrole. Les géologues examinent des échantillons de roches ramenés par la foreuse. Puis ils décident s'il faut tenter le pari hasardeux et coûteux de creuser plus profondément.

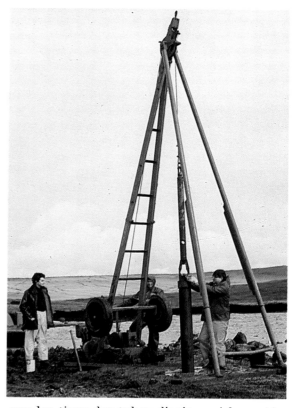

que les tiges des tubes d'acier qui le protègent et lui permettent de tourner librement. La tige de forage est creuse. On y pompe une boue liquide qui refroidit le trépan et qui, en remontant par le tube de protection, entraîne des débris de roches qu'on examine pour y déceler la présence éventuelle de pétrole. Lorsque la couche de pétrole est atteinte, le pétrole sous pression monte très vite et jaillit à la surface. Un système automatique l'empêche alors de sortir de façon intempestive. Avant de décider d'exploiter un champ de pétrole, on doit évaluer le coût de cette exploitation et déterminer la qualité du pétrole recueilli.

Tête de foreuse (trépan) examinée à bord de la plate-forme de production Brent « A » (Shell-Esso) dans la mer du Nord. Bien que garnies des matériaux les plus durs, y compris des diamants, les têtes de forage s'usent très vite surtout si elles rencontrent des roches dures.

Le forage des puits demande une activité continue et bien organisée. Pour changer le trépan, il faut tout d'abord relever tous les tuyaux et les dévisser à l'aide de puissantes pinces *(à droite)*.

Les plates-formes de forage

Plus de la moitié du pétrole se trouve dans les fonds marins. Pour désigner ces gisements on utilise le terme anglais *offshore*. On ne peut extraire ce pétrole qu'en utilisant des plates-formes de forage. Ce sont de très grandes structures établies au-dessus de la mer. Il en existe deux sortes : les unes servent au forage proprement dit, les autres sont des plates-formes de production, qui servent à collecter le pétrole récolté par plusieurs plates-formes de forage.

Les plates-formes de forage sont installées sur des pilotis reposant sur le fond de la mer. Elles peuvent être fixes, ou flotter sur l'eau ; il est alors possible de les déplacer. Les plus grandes sont ancrées au fond par des chaînes.

Il existe plusieurs centaines de plates-formes de forage dans le monde, la plupart établies au-dessus du plateau continental dans les mers peu profondes. Plus loin dans l'océan, les fonds, d'une trop grande profondeur, et ne peuvent encore être explorés. Les principales régions exploitées se trouvent sur la côte sud-ouest des États-Unis, au Moyen-Orient, en Extrême-Orient et en mer du Nord, entre la Grande-Bretagne et la Norvège.

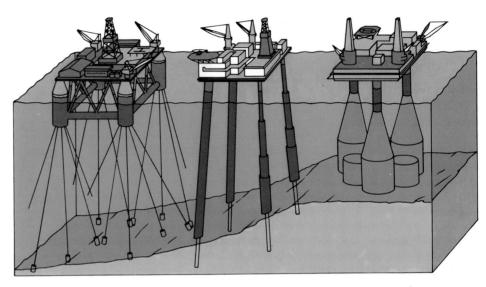

Divers types de plates-formes *offshore* (non à l'échelle).
Les plates-formes semi-submersibles *(à gauche)* flottent à la surface et sont solidement ancrées au fond.
Le Magnus *(au centre)* est fixé au fond par de longues jambes d'acier. Les plates-formes de production *(à droite)* recueillent le pétrole de plusieurs puits et le stockent dans d'immenses cuves situées à leur base.

Ce ne sont généralement pas les compagnies pétrolières qui possèdent les plates-formes de forage : elles ne font que les louer. Une plate-forme s'élève, le plus souvent, à quelque 35 m au-dessus du niveau de la mer. Elle peut être aussi grande qu'un terrain de football et est munie d'une aire d'atterrissage pour hélicoptères et de bateaux de sauvetage. Les plates-formes abritent les équipes de forage, les cuisiniers, des infirmiers, ainsi que les équipes de réparation et d'entretien. Des plongeurs sont chargés d'installer, d'entretenir, de vérifier et de réparer les têtes des puits de forage sur les fonds marins.

La recherche du pétrole ne s'interrompt jamais et la plate-forme fonctionne nuit et jour, toute l'année. Il faut qu'elle soit assez solide pour résister aux tempêtes de l'hiver et demeurer stable, même si les vagues atteignent 25 m de hauteur.

Le forage peut se faire jusqu'à une profondeur d'environ 1 000 m. Les forages ne sont pas toujours verticaux, ils peuvent être obliques de façon à atteindre toutes les parties d'un champ pétrolifère, cela grâce à un appareil appelé manche de fouet.

Lorsque le pétrole est trouvé, il faut maîtriser son flot. On fixe alors à la tête du puits un ensemble de vannes et de tuyaux appelé arbre de Noël. De cette manière, le puits peut être connecté à un pipe-line qui le conduit à une plate-forme de production,

La plate-forme Cormoran « A » remorquée hors du fjord Stord en Norvège. Elle fera un voyage de 250 milles marins pour atteindre son point d'ancrage dans la mer du Nord.

Vue de la plate-forme de production Brent « B » au crépuscule. Cette structure de ciment opère dans des eaux profondes de 139 mètres.

Plate-forme de forage. Ce type est appelé semi-submersible. Elle est ancrée au fond par des chaînes et pourvue de vastes flotteurs placés sous la surface afin de lui donner la plus grande stabilité possible. Bien que de telles plates-formes soient de grandes dimensions, elles doivent pouvoir supporter bien plus que l'équipement de forage. Soixante-dix hommes ou plus y vivent, y compris des cuisiniers et des plongeurs sous-marins. Elles possèdent des grues pour décharger les navires qui lui apportent le ravitaillement ainsi qu'une piste d'atterrissage pour les hélicoptères et des bateaux de sauvetage en cas d'urgence.

où l'eau et les gaz qu'il contient sont séparés du pétrole brut qui est alors soit envoyé sur la côte, soit stocké dans des réservoirs flottants ancrés près de la plate-forme. Des navires pétroliers chargent le pétrole pour le transporter à terre.

Les plates-formes de production sont des îles artificielles qui surplombent la mer. La plate-forme Ninian dans la mer du Nord, presque aussi haute que la tour Eiffel, culmine à 230 m. Elle fut construite sur la terre puis remorquée jusque sur le lieu des forages. Mais les plates-formes de production sont généralement assemblées dans des ports en eau profonde, comme en Norvège ou en Écosse, avant d'être remorquées en mer.

Les équipes d'ouvriers et de techniciens, ne pouvant revenir à terre chaque soir, habitent sur les plates-formes et y travaillent par roulement. Chaque période de travail est de douze heures. Le travail est dur, difficile et sale, mais les hommes peuvent se reposer dans des quartiers d'habitation confortables et où la nourriture est de bonne qualité. Des aliments frais sont apportés régulièrement par hélicoptères et bateaux. Il y a également des salles de jeux, des bibliothèques, la télévision et la radio, mais les hommes, privés de leur famille, s'y ennuient souvent.

Raffinage du pétrole et sous-produits

Le pétrole brut qui jaillit d'un puits est noir et gluant. Pour l'utiliser, il faut le traiter dans une raffinerie, où il est nettoyé et transformé en un certain nombre d'autres produits. On le raffinait autrefois près des lieux de production. Maintenant, le pétrole brut est transporté dans des raffineries installées dans les pays qui l'utilisent.

Il est transporté dans d'énormes bateaux spéciaux appelés pétroliers, dans lesquels l'espace intérieur est compartimenté, pour des raisons de sécurité, et pour séparer des pétroles de qualités différentes. Ces compartiments évitent également que le pétrole ne bouge trop quand la mer est très agitée. Les moteurs et les quartiers d'habitation de l'équipage sont installés à l'arrière, éloignés du chargement pour limiter les risques en cas d'incendie. Les pétroliers géants, qui peuvent transporter 500 000 tonnes de pétrole, sont si grands que les marins utilisent des bicyclettes pour aller et venir sur le pont. Le chargement et le déchargement se font dans des terminaux établis en mer profonde. Ces opérations sont dangereuses car les vapeurs de pétrole s'enflamment très facilement.

Le terminal pétrolier de Sullom Voe, dans les îles Shetland. Le pétrole y arrive par pipe-lines et pétroliers venant des champs pétrolifères de la mer du Nord. De là, des superpétroliers transportent le pétrole vers l'Europe ou les États-Unis.

Vue nocturne d'une raffinerie à Lima, au Pérou. Les raffineries modernes utilisent une technologie de pointe. Elles nécessitent un personnel peu nombreux, mais très qualifié.

Le terminal européen le plus grand est celui de Sullom Voe dans les îles Shetland. Le pétrole y arrive des forages de la mer du Nord par bateaux et pipe-lines. Il est alors redistribué dans toutes les parties du monde par les pétroliers.

Sur terre, le transport du pétrole se fait dans les pipe-lines. Ceux-ci sont pourvus, de loin en loin, de stations de pompage qui envoient le pétrole dans le pipe-line à une vitesse de 5 à 7 km par heure. Le plus long pipe-line parcourt 4 300 km, d'Alberta, au Canada, à Buffalo, aux États-Unis. Les pays consommant beaucoup de pétrole sont sillonnés de pipe-lines, souvent souterrains. Celui du Trans-Alaska, de 1 300 km de longueur, est au contraire aérien, et monté sur pilotis.

Le diamètre des tuyaux est généralement d'un mètre. Les tuyaux sont constitués de tubes d'acier de douze mètres de longueur, mis bout à bout et soudés. Ils sont protégés contre les fuites et la rouille, puis enterrés.

Lorsque le pétrole brut arrive à la raffinerie, il est d'abord transféré dans des réservoirs. Puis, afin de séparer ses différents composants, on le chauffe à 400 °C. Les gaz obtenus passent alors dans de grandes tours appelées tours de fractionnement. Ces gaz, en montant dans cette tour, se condensent selon leur densité, c'est-à-dire que les fractions les plus lourdes demeurent en bas alors que les plus légères montent jusqu'au sommet. Ces liquides condensés sont alors recueillis à chaque niveau et stockés dans des réservoirs séparés. Les fractions légères sont les plus recherchées mais, comme la première distillation produit aussi des fractions lourdes, les techniciens ont inventé un procédé permettant de les transformer en produits légers : le craquage catalytique.

C'est ainsi que sont produits, du plus léger au plus lourd, des gaz pour l'usage domestique, de l'essence pour les voitures, du kérosène pour les avions, du gas-oil pour les camions, les cars, certaines voitures particulières et les trains, des huiles pour lubrifier les machines, du mazout pour le chauffage, des paraffines pour bougies et cires, des huiles lourdes servant de combustibles et enfin du bitume qui sert pour les routes et pour imperméabiliser les toitures des maisons.

Certaines de ces fractions peuvent réagir entre elles ou avec d'autres composés pour former d'autres produits tels que des plastiques : les polyuréthanes, qui servent à fabriquer des peintures, les polypropylènes, utilisés pour faire des gouttières et des tuyaux. Certains des vêtements que vous portez sont probablement à base de fibres synthétiques. On tire encore du pétrole des détergents, des engrais, des désherbants, etc.

La liste des dérivés du pétrole est pratiquement sans fin.

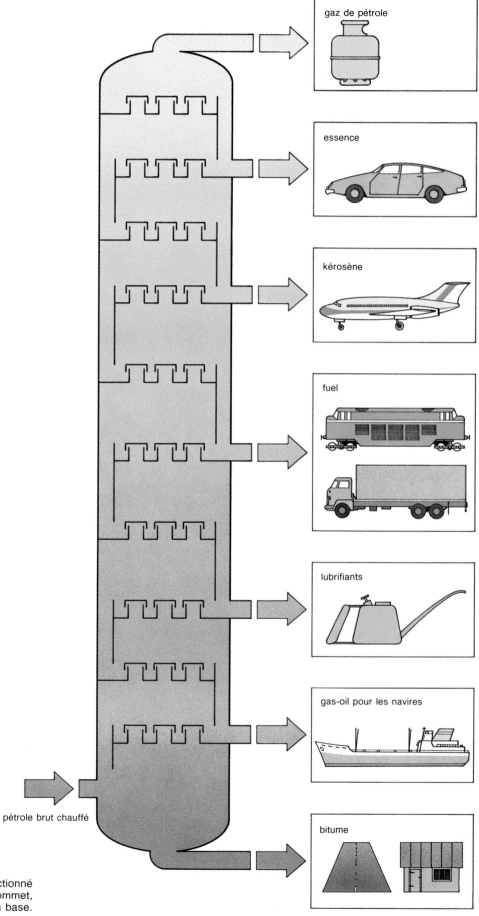

Colonne de distillation. Le pétrole brut est chauffé et fractionné à divers niveaux. Les gaz les plus légers montent au sommet, alors que les produits lourds restent à la base.

L'énergie nucléaire

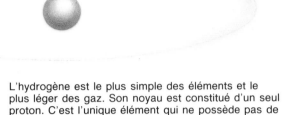

Bien que cela puisse sembler étrange, une centrale nucléaire utilise des turbines à vapeur pour actionner les alternateurs, tout comme les centrales thermiques marchant au charbon. C'est seulement la source de chaleur qui diffère. Au centre d'une centrale nucléaire se trouve le réacteur. C'est une grande cuve dans laquelle une énorme quantité de chaleur est produite par un processus appelé fission nucléaire. C'est la chaleur produite par cette fission qui permet d'obtenir la vapeur nécessaire au fonctionnement des turbines. Pour comprendre ce qu'est la fission nucléaire, ou division des noyaux d'atomes, il faut en savoir davantage sur les atomes eux-mêmes. Nous savons déjà que tout est constitué d'atomes et que ceux-ci sont si petits qu'il est impossible de les voir. Il y a des milliards d'atomes dans une simple goutte d'eau. Pendant longtemps les savants ont cru que les atomes étaient les plus petits constituants de

Ernest Rutherford (1871-1937) est né en Nouvelle-Zélande, mais il réalisa la plupart de ses travaux en Angleterre.

Albert Einstein (1879-1955). À l'âge de 26 ans, il publia sa théorie de la relativité, liant la masse et l'énergie.

la matière. Le mot atome vient en effet du grec et signifie «qui ne peut être divisé».

En 1905, Albert Einstein montra que si un atome pouvait être soit transformé soit brisé il pourrait libérer une fantastique quantité d'énergie. C'est Ernest Rutherford qui, le premier, réussit à transformer un atome lors d'une expérience dans le laboratoire de Cavendish à Cambridge, en 1919. Il put alors montrer, avec d'autres savants, que les atomes étaient en réalité constitués de particules encore plus petites. Nous savons maintenant qu'un atome est constitué en grande partie d'espace vide. Au

L'hydrogène est le plus simple des éléments et le plus léger des gaz. Son noyau est constitué d'un seul proton. C'est l'unique élément qui ne possède pas de neutron. Il n'a qu'un seul électron qui tourne autour de son noyau.

centre se trouve le noyau et, autour de ce noyau, un ou plusieurs électrons tournant en orbite comme des satellites. Le noyau lui-même est fait de protons et de neutrons. Nous avons vu que l'hydrogène est le plus simple des corps avec généralement un seul proton comme noyau et un électron en orbite.

L'uranium, en revanche, est un métal très lourd. Ses noyaux comportent tous 92 protons et, selon les cas, 143, 142 ou 146 neutrons, tandis que 92 électrons gravitent autour du noyau.

L'uranium est le seul élément naturel dont certains noyaux (essentiellement ceux à 143 neutrons) se prêtent facilement à la fission. Lorsqu'un neutron frappe un tel noyau d'uranium, celui-ci se casse en deux morceaux à peu près égaux qui se séparent alors à une très grande vitesse. Cette énergie de mouvement se transforme en chaleur. Simultanément, deux ou trois neutrons libérés s'en vont frapper d'autres noyaux d'uranium, qui peuvent ainsi à leur

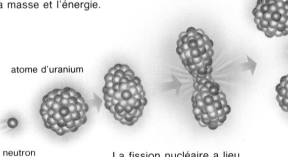
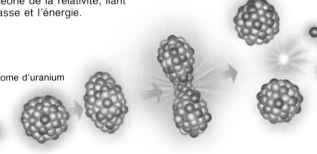

atome d'uranium

neutron

La fission nucléaire a lieu lorsqu'un atome d'uranium est frappé par un neutron.
Le noyau de l'atome d'uranium se casse alors en deux parties à peu près égales, formant des atomes d'éléments différents, et

libérant deux ou trois neutrons. Lorsque ces derniers entrent en collision avec d'autres atomes d'uranium, le processus se répète et se multiplie. Il y a alors réaction en chaîne et une immense quantité d'énergie est libérée.

La centrale nucléaire d'Oldbury, en Grande-Bretagne, fut la première centrale nucléaire utilisant des réacteurs enfermés dans des cuves en béton.

Dans un réacteur réfrigéré par un gaz, les barres de combustible sont descendues dans le cœur de manière que le gaz puisse circuler autour et en tirer de la chaleur. Ce gaz fait bouillir de l'eau, produisant de la vapeur à haute pression qu'on utilise pour faire tourner les turbines d'un générateur. La réaction nucléaire est contrôlée par des barres en bore qui absorbent les neutrons et ralentissent la réaction en chaîne. Le réacteur est entouré d'un bouclier en acier ou béton.

Intérieur de la salle du réacteur dans une centrale nucléaire.

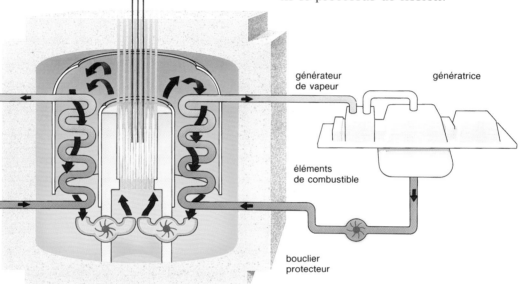

générateur de vapeur

génératrice

éléments de combustible

bouclier protecteur

tour subir la fission : c'est une réaction en chaîne, qui dégage une énergie continue.

En même temps que de la chaleur, cette fission produit une certaine radioactivité dont les rayons sont pénétrants et dangereux. Afin de les arrêter, on installe autour du cœur du réacteur un épais bouclier de béton et d'acier. L'uranium combustible est placé dans de longs tubes qui sont introduits dans le cœur du réacteur. Pour commander la réaction de fission, on descend dans le cœur du réacteur des barres de bore ou de cadmium qui ont la propriété d'absorber les neutrons et par conséquent de ralentir le processus de fission.

On doit ralentir ou arrêter la fission quand le réacteur devient trop chaud. Pour utiliser la chaleur produite dans le cœur du réacteur, on y fait passer un gaz ou un liquide. Ceux-ci deviennent très chauds et sont utilisés pour chauffer de l'eau dans un échangeur de chaleur. L'eau chaude ainsi obtenue dans l'échangeur se transforme en vapeur qui fait tourner les turbines des alternateurs : c'est ainsi qu'est produite l'électricité.

Les déchets restent radioactifs très longtemps, il faut donc les manier avec précaution. On les enferme dans des blocs de verre où on les garde jusqu'à ce qu'ils aient perdu leur radioactivité.

On espère pouvoir un jour remplacer la fission par la fusion des atomes. Dans ce procédé, des légers noyaux d'atomes légers, comme certains noyaux d'hydrogène, pourraient se combiner en dégageant beaucoup d'énergie. Les savants n'ont pas encore réussi à provoquer cette fusion mais, si un jour ils y arrivent, on disposera alors d'une quantité d'énergie illimitée. Car, si l'uranium est rare et cher, l'hydrogène se trouve partout et surtout dans l'eau, où il est combiné avec l'oxygène.

La pollution

Tous les animaux et toutes les plantes produisent des déchets, sous une forme ou sous une autre. La nature dispose de ces déchets en les transformant en éléments qui peuvent être de nouveau utilisés par les plantes. Les êtres humains sont les seuls êtres vivants à produire des déchets en telle quantité et avec des propriétés telles que la nature ne peut suffire à les dégrader et à les rendre inoffensifs. Nous appelons ces matériaux rejetés des polluants, qu'ils puissent ou non être finalement détruits par la nature. Quand ils le sont, on dit qu'ils sont biodégradables. Les humains ont toujours connu le problème des déchets. Déjà, les hommes préhistoriques réservaient des endroits où ils jetaient les rebuts de cuisine, les os et les coquilles. De nombreux dépôts d'ordures datant des Romains sont pour nous maintenant une source riche en fragments de poteries et de bijoux. La différence avec l'Antiquité est que, la population mondiale ayant augmenté, la quantité de déchets qu'elle produit est considérable et s'accroît sans cesse.

Il y a deux types de pollution, qui dépendent de l'endroit où elle se produit. Les gaz émis par les moteurs et les fumées des cheminées provoquent une pollution de l'air. Les rejets des usines de produits chimiques, l'utilisation des engrais et pesticides ainsi que les rejets des égouts provoquent une pollution de l'eau. Il existe également

Une des plus importantes pollutions de l'air provient des usines qui émettent des fumées nocives. Ces fumées contiennent des poisons qui peuvent mettre en danger la vie humaine et celle des animaux et des plantes.

Il est facile d'oublier ce que l'on a jeté. Cependant, l'accroissement constant des déchets provenant de notre vie quotidienne est à l'origine des amas de décharge tels que celui-ci.

la pollution pétrolière produite par des accidents survenant aux pétroliers ou aux plates-formes offshore.

L'usage du charbon dans les foyers domestiques est maintenant interdit dans de nombreuses villes. La couleur noire des façades des bâtiments est généralement due à la suie et à un gaz appelé dioxyde de soufre qui se trouve dans les fumées. Ces mêmes fumées causaient autrefois des maladies pulmonaires mortelles, avant que les combustibles sans fumée n'aient été inventés. Beaucoup d'usines produisent des déchets chimiques qui sont parfois déversés dans les rivières ou placés dans des barils qui sont immergés. Dans de nombreuses régions, les eaux des égouts sont déversées directement dans la mer sans avoir été purifiées auparavant. Lorsque ces eaux polluées sont rejetées en petites quantités, elles sont sans danger, mais la croissance des villes est telle que cette

Une rivière dont les eaux sont polluées peut devenir une rivière morte. Les déchets chimiques décolorent l'eau, produisent des boues et peuvent tuer toute la vie aquatique.

pollution devient dans certains cas source de maladies. Dans les rivières et les mers, la pollution menace la vie des plantes et des animaux.

La campagne peut être polluée par les phosphates, produits chimiques que les fermiers utilisent pour améliorer le rendement de leurs cultures. Comme l'eau qui tombe sur les champs s'écoule finalement dans les ruisseaux et les rivières, les phosphates qu'ils contiennent accélèrent la croissance de certaines plantes aquatiques, des algues vertes par exemple. Ces algues ont une croissance parfois si rapide qu'elles pompent l'oxygène de l'eau des rivières, condamnant ainsi les autres plantes aquatiques et les animaux à mourir.

Les insecticides pulvérisés sur les cultures sont des produits chimiques destinés à tuer les insectes. Ces pesticides tuent aussi des insectes utiles, comme les abeilles. Le D. D. T., autrefois utilisé, a maintenant été interdit ; n'étant pas détruit par la nature, il polluait l'environnement. En dehors des rejets d'huiles ou des marées noires qui tuent par milliers les oiseaux de mer et les poissons, il existe d'autres formes de pollution, moins visibles, mais très dangereuses. Les gaz utilisés dans les aérosols, ceux rejetés par les avions supersoniques et les fusées détruisent en effet l'ozone qui se trouve dans les hautes couches de l'atmosphère. Or c'est cet ozone qui protège la Terre des rayons ultraviolets venus de l'espace. Sans ce bouclier protecteur, toute vie sur la Terre serait vite détruite par ces radiations nocives. Les effets de cette pol-

La pollution pétrolière fait souvent la « une » des journaux. Elle est produite soit délibérément, par les pétroliers qui dégazent leurs cuves, soit par accident.

lution demeurent cependant très faibles, et des satellites prennent régulièrement des mesures qui permettent de vérifier qu'elle ne s'étend pas. Les plus dangereux de tous les déchets sont peut-être les déchets radioactifs provenant des réacteurs nucléaires et des essais d'armes nucléaires dans l'atmosphère. Or, ces déchets peuvent demeurer dangereux pendant des milliers d'années. Il faudrait parvenir à traiter tous ces déchets pour les rendre inoffensifs.

La pollution des eaux est souvent due aux produits chimiques qui y sont déversés. La pollution des eaux des lacs, des rivières, ou de certaines zones maritimes tue rapidement les poissons.

Protection de la nature et économies d'énergie

La protection de la nature consiste à éviter la disparition de certaines espèces d'animaux ou de plantes. Les économies d'énergie peuvent prendre plusieurs formes : une utilisation stricte et même restreinte des divers combustibles et de l'électricité pour les particuliers, la réutilisation des déchets ou recyclage pour les industriels. Dans les deux cas, la démarche est la même : il s'agit de conserver tout ce qui constitue nos ressources naturelles. La surpopulation de la planète rend primordial le souci de cette conservation. Si nous ne sommes pas économes de notre combustible et de nos ressources, nous en serons bientôt dépourvus. La destruction progressive de grandes régions forestières, de prairies et de certains lacs peut entraîner le déclin et même l'extinction de la race humaine.

Nous avons besoin de la diversité du monde naturel. Or, l'humanité a déjà dévasté 35 p. cent des forêts du monde et est responsable de la disparition complète d'au moins 36 espèces de mammifères et de 94 espèces d'oiseaux.

Les forêts sont le meilleur exemple du besoin que nous avons de conserver nos ressources naturelles. Les hommes préhistoriques utilisaient le bois pour faire du feu. Maintenant encore, le bois est employé dans de nombreuses parties du monde pour alimenter les foyers et cuire les aliments.

En Europe, on a déboisé pour créer des champs et augmenter les cultures de plantes vivrières. Aujourd'hui, ce sont les grandes forêts tropicales qui sont attaquées par l'homme, qui les remplace par des cultures. Malheureusement, les pluies abondantes et la faible qualité du sol de ces forêts en font des terres qui ne sont exploitables que pendant très peu d'années.

La destruction des grandes forêts tropicales modifie également le climat. Ces forêts agissent en effet comme de gigantesques éponges absorbant les abondantes pluies des tropiques. Une grande partie de cette eau s'évapore dans l'atmosphère pour former des nuages, d'où retombera la pluie. Si la forêt est détruite, l'eau entraîne la terre dans les rivières ou s'infiltre dans le sol. Elle ne s'évapore plus, ne forme plus de nuages, et la fertile forêt tropicale devient désertique. Dans nos maisons, l'économie d'énergie commence avec l'interrupteur

L'accroissement de la demande en énergie exige la construction de grandes centrales énergétiques. Comme les réserves de combustible s'épuisent, nous pourrions être obligés de revenir à l'utilisation du moulin à vent. Dans le passé, nos besoins en énergie étaient infiniment moins grands.

Le panda géant, animal très rare, est devenu le symbole du Fonds pour la préservation de la vie sauvage (World Wildlife Fund), dont le but est de préserver la nature et de sauver les espèces en péril.

L'exploitation des mines à ciel ouvert détruit de vastes espaces. Les anciennes mines sont alors parfois converties en dépôts d'ordures ou en lacs artificiels.

Le début de la route transamazonienne. L'accès aux régions de la forêt tropicale peut aboutir à un défrichement excessif. Si on ne prend aucune précaution, des régions entières peuvent devenir des déserts.

électrique. Chaque unité d'électricité qui entre chez nous provient d'une centrale électrique où, pour produire cette énergie, on a brûlé du combustible. Or, nous savons que nos ressources en combustible, charbon, pétrole ou gaz, sont limitées, il faut donc les économiser. En éteignant la lumière chaque fois que nous quittons une pièce, par exemple, nous contribuons à conserver nos ressources en combustible.

Les maisons modernes sont construites de manière à économiser l'énergie en utilisant des matériaux et des techniques destinés à isoler l'espace intérieur. Dans les régions les plus froides de la planète, l'isolation des maisons aide à garder la chaleur et à économiser le combustible. Dans les régions chaudes, cette même isolation permet de garder frais l'espace intérieur, évitant ainsi d'utiliser de l'énergie pour rafraîchir la maison. Dans de nombreux pays occidentaux, on utilise à cet effet pour les fenêtres des vitres à double paroi entre lesquelles un vide partiel a été créé. La chaleur ou le froid ne peuvent alors franchir ce vide : la maison est isolée.

L'énergie du Soleil et du vent

Nous savons que d'énormes quantités d'énergie proviennent du Soleil. Il y a plus de deux mille ans, les Romains utilisaient un peu de l'énergie solaire pour chauffer leurs maisons. C'est au XIXᵉ siècle que furent inventés les premiers moteurs et réfrigérateurs à énergie solaire. Aux États-Unis, des milliers de maisons possédaient des chauffages solaires vers 1890. Puis, au début du XXᵉ siècle, on se désintéressa de cette forme d'énergie.

Le charbon, puis le pétrole et le gaz étaient alors si abondants et si bon marché dans les pays industrialisés qu'on laissa de côté les autres sources d'énergie. À partir des années 50, devant l'épuisement progressif des combustibles fossiles, il fallut étudier de nouvelles méthodes pour tirer de la chaleur, de l'énergie mécanique et de l'électricité de l'énergie solaire. À présent, presque tous les pays utilisent l'énergie solaire et prévoient de l'utiliser encore plus largement dans l'avenir.

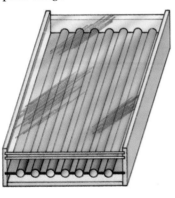

Un panneau solaire

Chauffage de l'eau par l'énergie solaire : le schéma ci-dessous montre comment l'eau circule dans le système, dans lequel l'eau froide passe de manière continue dans les collecteurs placés sur le toit.

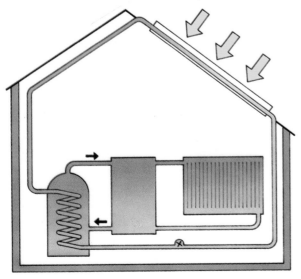

La façon la plus commune d'exploiter cette énergie est de la convertir en chaleur. On utilise généralement à cet effet un capteur-plan qui est souvent une boîte vitrée renfermant une plaque noire. Cette plaque est constituée de tubes dans lesquels circule de l'eau. Celle-ci est chauffée pendant la journée par les rayons du Soleil et emmagasinée dans des cuves isolées afin de pouvoir être restituée pendant la nuit. Dans le cas de grands bâtiments, on stocke cette eau chaude dans de vastes réservoirs qui peuvent la conserver pendant longtemps. En Suède par exemple, des groupes entiers

Le four solaire d'Odeillo, en France. Des températures de 4 000 °C sont atteintes grâce à un système complexe de miroirs qui focalisent les rayons du soleil sur un foyer. Odeillo n'est pas une centrale fournissant de l'énergie : on l'utilise pour fondre des métaux.

de maisons, reliés à de grands réservoirs de stockage, sont ainsi chauffés toute l'année par l'énergie solaire emmagasinée. On obtient également de hautes températures en utilisant des miroirs, qui focalisent les rayons solaires. Le premier grand système de ce type fut installé à Odeillo dans le sud de la France. Plus récemment, on a construit aux États-Unis d'autres systèmes, dix fois plus grands. Les avantages de ces centrales solaires à haute température sont nombreux : on peut les utiliser pour faire tourner des machines, pour pomper l'eau et pour fondre des métaux. Les rayons solaires servent aussi à distiller de l'eau, afin de produire de l'eau douce à partir d'eau salée ou saumâtre. Ces eaux salées sont chauffées dans des récipients clos ayant une paroi de verre. La vapeur produite se condense sur le verre pour donner de l'eau pure.

L'énergie solaire peut désormais être convertie directement en électricité, grâce à des photopiles solaires. Celles-ci furent tout d'abord utilisées dans les vaisseaux spatiaux puis pour nombre d'autres appareils, tels que postes récepteurs de radio et télévision, réfrigérateurs, bouées et autres aides à la navigation, montres, calculettes, etc. Elles sont encore chères mais deviendront meilleur marché au fur et à mesure qu'elles se développeront. Il est prévisible qu'un jour viendra où toute l'énergie utilisée dans une maison viendra du toit, où seront installées des piles solaires, qui produiront l'électricité, et des capteurs, qui fourniront l'eau chaude. La plus grande partie de l'énergie solaire chauffe l'air se trouvant près de la surface de la Terre et est à l'origine des vents. L'énergie de ceux-ci vient donc indirectement aussi du Soleil.

Un exemple de l'intérêt de l'énergie solaire. Cette bouée, munie de panneaux de cellules solaires, fournit en électricité un émetteur radio. Il sert d'aide à la navigation sans qu'il soit besoin d'avoir recours à un combustible.

Les dernières techniques en matière d'éoliennes utilisent de grandes pales d'hélice au lieu des anciennes ailes en bois et toile des moulins à vent.

Les vents ont été utilisés comme source d'énergie depuis des milliers d'années, sur terre comme sur mer. Les premiers moulins à vent apparurent il y a environ 500 ans. Des ailes placées en haut d'une tour captaient le vent et actionnaient des meules pour moudre le grain, puis, plus tard, des pompes pour monter l'eau du sous-sol et irriguer les champs. C'est en 1890 qu'on transforma pour la première fois l'énergie du vent en électricité et, en 1941, fut construite aux États-Unis une éolienne pouvant produire 1 000 kW d'électricité. Actuellement, certaines de ces éoliennes peuvent produire jusqu'à 3 000 kW. La plus grande sera mise en service à Burger Hill, dans les îles Orkney (Grande-Bretagne) : ses deux pales auront une envergure de 60 mètres. L'énergie du vent dépend de sa vitesse, il est donc important de choisir un lieu où celle-ci est grande. Une vitesse deux fois plus élevée pourra produire 8 fois plus d'électricité. Les éoliennes modernes ont de nombreux avantages. Leur construction peut être beaucoup plus rapide que celle d'une centrale nucléaire ou d'une usine marémotrice, qui demande une dizaine d'années. De plus, dans de nombreuses régions, les vents sont plus violents en hiver, saison où les besoins en électricité sont plus grands. Elles doivent supporter des rafales de vent extrêmement violentes (jusqu'à 150 km à l'heure). On peut toutefois reprocher aux éoliennes d'être très bruyantes.

Les énergies de l'eau et de la terre

L'énergie des torrents était déjà utilisée par les Romains il y a plus de deux mille ans. Les premiers moulins à eau furent utilisés pour moudre les grains, puis ils furent employés dans certaines usines et pour pomper l'eau des mines. L'eau motrice était conduite le long d'un canal étroit vers une grande roue à aubes plates. Les aubes poussées par l'eau faisaient alors tourner un axe sur lequel on recueillait l'énergie. Cependant, la transformation de cette énergie hydraulique en énergie mécanique

Schéma en coupe d'une turbine hydroélectrique, montrant comment le courant d'eau fait tourner les ailettes de la turbine.

Ancien moulin à eau muni de rouleaux verticaux utilisés pour écraser la canne à sucre. Il est mû par de l'eau tombant sur une roue.

n'était pas très efficace : les roues à aubes ne tournaient pas assez vite pour pouvoir produire de l'électricité.

Les turbines à eau modernes emploient des méthodes différentes. L'eau est amenée non plus par des canaux mais par des tuyaux dans lesquels elle coule à grande vitesse. Les aubes des roues ne sont plus plates mais incurvées. On nomme hydroélectricité l'électricité produite à partir de ces turbines à eau. Le premier système hydroélectrique fut installé en 1882 dans le Wisconsin, aux États-Unis : il ne pouvait cependant fournir l'électricité qu'à 250 lampes. Mais, depuis, la production d'hydroélectricité s'est accrue de telle sorte qu'elle fournit environ 6 p. cent des besoins mondiaux en énergie. Cependant, ce système ne possède pas que des avan-

Le barrage Hoover, sur la rivière Colorado, aux États-Unis. Construit dans une vallée étroite, il s'appuie sur les parois rocheuses de celle-ci. Les barrages sont conçus de manière à pouvoir résister aux énormes pressions des eaux du lac de retenue.

tages. Il faut souvent construire de grands barrages pour retenir l'eau avant qu'elle ne coule dans les turbines. Le cours des rivières étant arrêté, l'environnement en souffre. De plus, des dépôts de sable et de terre s'accumulent progressivement au fond des lacs de retenue : un lac de retenue en Colombie perd ainsi 80 p. cent de sa capacité en une quinzaine d'années. En outre, toutes les régions ne se prêtent pas à l'installation d'un barrage. Le plus grand avantage de ces installations est qu'elles produisent de l'électricité à meilleur marché que celle obtenue dans les centrales thermiques avec des combustibles fossiles. L'entretien des usines hydroélectriques est facile et l'énergie obtenue est renouvelable.

L'énergie produite par le flux et le reflux des marées peut être considérable. Mais il

Usine marémotrice de la Rance, en France. La puissance est obtenue par le flux et le reflux de la marée qui atteint une dénivellation moyenne de 8,4 mètres à cet endroit. La puissance maximale de cette usine est de 240 MW. Elle suffit aux besoins d'une ville de 300 000 habitants.

générateur d'électricité. Des centaines de bouées pour la navigation utilisent ce système dans la mer intérieure du Japon. Les Japonais essaient également d'autres systèmes venus d'autres pays, notamment de Grande-Bretagne, sur un navire spécial, le *Kaimei*. Les premiers résultats ont été décevants, ne donnant qu'un cinquantième de la puissance prévue. Dans certaines parties du monde, il existe une différence de température de 25 °C entre la surface de la mer et les fonds marins. Cette différence peut être exploitée pour actionner un type particulier de turbine. Des expériences ont montré qu'il était possible de construire de grandes usines océaniques utilisant cette énergie thermique, mais leur coût est pour le moment très élevé. L'énergie de la chaleur intérieure de la terre est elle aussi énorme et inépuisable. Bien qu'elle rayonne à la surface, nous ne la remarquons pas car elle est très faible. Cette énergie géothermique se signale surtout dans les geysers et les sources chaudes. Ce phénomène existe lorsque la nature des roches du sous-sol permet à l'eau d'être chauffée et envoyée à la surface. Une ving-

n'est pas aisé de trouver des sites convenant à une installation marémotrice. Dans certains pays d'Europe, des moulins utilisant la force des marées ont été utilisés depuis des centaines d'années. On en comptait plus de cent au XIXᵉ siècle dans les îles Britanniques. Ils n'étaient guère plus puissants que les moulins à vent, fournissant moins de 50 kW.

Aujourd'hui, il n'existe qu'une seule grande usine marémotrice : c'est celle qui est établie dans l'estuaire de la Rance, en Bretagne. Elle peut produire jusqu'à 240 MW, c'est-à-dire moins du millième des besoins de la France tout entière. Une usine semblable est à l'étude depuis des années en Grande-Bretagne. Elle devrait être établie dans l'estuaire de la Severn et produire environ 8 p. cent de la consommation de la Grande-Bretagne.

L'énergie des vagues est elle aussi considérable. On a calculé que chaque mètre de front de vague pouvait contenir une puissance énergétique allant jusqu'à 100 kW. Mais la transformation de cette énergie et son transport à terre sont très difficiles.

La première petite installation utilisant l'énergie des vagues a été construite au Japon par Masuda Yoshio il y a une quinzaine d'années. Le mouvement de bas en haut et de haut en bas des vagues poussait de l'air dans un large cylindre vertical, actionnant ainsi une turbine associée à un

À grande profondeur, la température s'élève jusqu'à atteindre 3 000 °C au centre de la Terre. Ce schéma montre comment la chaleur terrestre peut être utilisée pour produire de l'eau chaude.

taine de pays utilisent ce système pour le chauffage ou pour produire de l'électricité, mais les résultats obtenus représentent moins de 1 p. cent de la consommation mondiale d'énergie.

On peut également utiliser la chaleur des roches du sous-sol. On perce un trou dans le granit et on provoque une petite explosion à la base qui fait se craqueler la roche. On creuse alors un second puits. On envoie de l'eau sous pression dans le premier puits, cette eau pénètre à travers la roche où elle est chauffée, elle remonte ensuite à la surface par le second puits. L'énergie potentielle du sous-sol, bien que difficilement exploitable, est presque inépuisable.

Conclusion

Aujourd'hui, la plupart des besoins mondiaux en énergie sont satisfaits grâce à l'utilisation des combustibles fossiles. Dans moins de cent ans, le charbon demeurera le seul combustible fossile utilisable. Même s'il reste encore un peu de pétrole ou de gaz, ils seront devenus si chers que peu de pays pourront se permettre de les utiliser. On a beaucoup parlé des sables et schistes bitumineux de l'Amérique du Nord, mais leur exploitation reviendrait beaucoup plus cher que celle du pétrole brut avec les procédés actuels. Il restera donc peu d'énergie en réserve si nous continuons à la gaspiller. On ne peut renouveler les combustibles fossiles, puisque leur formation prend des millions d'années. Il s'agit donc de chercher des ressources d'énergie renouvelables, utilisables dans toutes les parties du monde.

On fait actuellement un grand usage de la biomasse, c'est-à-dire de toutes les plantes, comme les arbres, qui peuvent être transformées en combustibles solides ou même liquides pour alimenter les moteurs des voitures et des tracteurs. Aujourd'hui, la biomasse fournit environ 15 p. cent de la consommation mondiale d'énergie, surtout dans les pays en voie de développement. Mais les savants pensent qu'il devrait être possible de quintupler les ressources en énergie de la biomasse.

Nous avons vu que l'énergie hydroélectrique fournit déjà environ 6 p. cent des besoins mondiaux en énergie. Elle pourrait être, elle aussi, quintuplée.

La principale source de toute énergie et de toute nourriture est le Soleil. On a pu calculer qu'une heure seulement d'énergie solaire équivaut à toute l'énergie consommée sur terre en une année. Mais on commence à peine à pouvoir utiliser cette énergie à un coût raisonnable en la transformant directement en chaleur.

La solution aux problèmes d'énergie passe par une évolution de nos modes de vie et de travail. En l'an 2000, la plupart des idées exposées dans ce livre seront exploitées normalement à des coûts raisonnables, comparés à ce que seront devenus ceux du pétrole.

Le monde dépend de plus en plus des machines pour les transports et l'industrie nécessitant du pétrole sous une forme ou sous une autre. Sa raréfaction obligera à trouver d'autres sortes de combustibles. La révolution industrielle fut le résultat de l'utilisation du charbon et de la vapeur. Elle fut suivie du développement du moteur à combustion interne consommant des produits à base de pétrole. Une nouvelle révolution industrielle doit avoir lieu.

La vie sur terre dépend de l'équilibre que nous pourrons maintenir entre les ressources en énergie et la consommation de celles-ci. La paix dépend elle aussi d'une répartition plus juste des ressources énergétiques actuelles ou à venir.

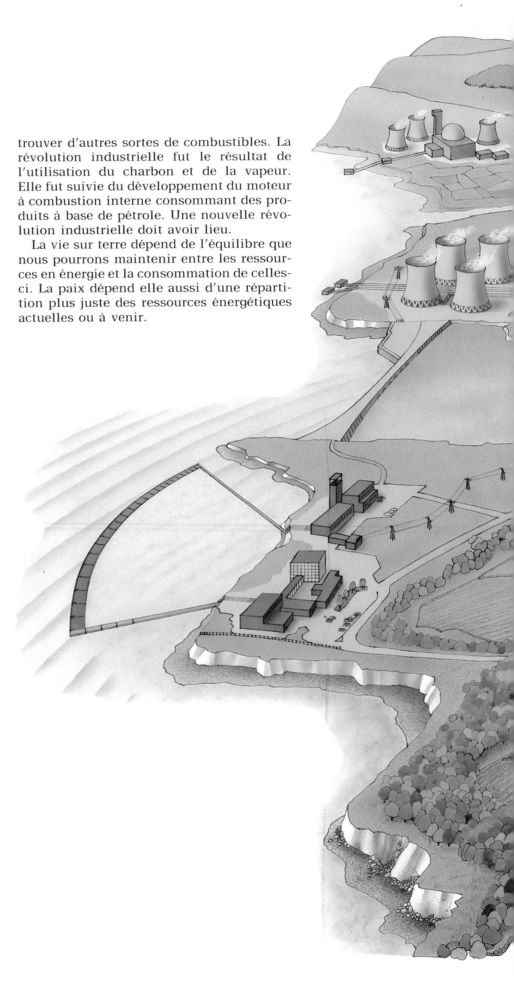

Un avenir sans pétrole.
Lorsque le pétrole sera épuisé ou devenu trop cher pour qu'on puisse l'utiliser, nous tirerons l'énergie de diverses sources, comme le montre ce dessin.

1 centrale nucléaire
2 centrale géothermique
3 centrale hydroélectrique
4 centrale thermique au charbon
5 mine de charbon
6 sous-produits du charbon
7 serres
8 usine marémotrice
9 énergie éolienne
10 énergie des vagues
11 énergie solaire

61

Glossaire

acides aminés : groupe de constituants des protéines. La digestion de celles-ci produit des acides aminés nécessaires pour la croissance et le remplacement des cellules usées.

adaptation : ensemble des modifications qui permettent à un organisme de s'ajuster aux conditions de son milieu.

algues : groupe de plantes simples vivant dans l'eau.

alliage : mélange de deux ou plusieurs métaux. Le laiton est un alliage de cuivre et de zinc.

amidon : hydrate de carbone stocké par les plantes. Il y a de l'amidon dans les pommes de terre et le pain.

ampère : unité de courant électrique.

anthracite : charbon très dur, de première qualité.

anticlinal : couche de terrain plissée en forme d'arche.

attraction : attirance d'une chose par une autre. Un aimant attire le fer.

autarcique : se dit d'un pays ou d'une communauté qui se suffisent à eux-mêmes sur le plan économique.

autotrophe : être vivant capable de tirer sa nourriture de substances simples.

bielle : partie d'une machine, reliant le piston à un axe tournant.

biomasse : masse totale des êtres vivants subsistant sur une surface ou dans un volume donnés.

biosphère : couche que forme autour de l'écorce terrestre l'ensemble des êtres vivants.

bitumineux : contenant du bitume, substance analogue au goudron.

calorie : unité mesurant la quantité d'énergie contenue dans la nourriture, et appelée aussi joule.

calorimètre : appareil mesurant l'énergie de la chaleur.

carnivore : animal qui se nourrit d'autres animaux. On dit aussi carnassier.

catalyse : substance utilisée en chimie pour précipiter une réaction et produire d'autres substances. Le catalyseur ne change pas de nature pendant la réaction.

cellule solaire : plaque contenant du silicium et qui transforme l'énergie des rayons solaires en électricité.

cellulose : substance contenue dans la membrane des cellules végétales.

céréales : plantes à grains, comme le riz, le blé, l'avoine, etc., utilisées pour la nourriture.

chaîne alimentaire : série d'êtres vivants débutant par les plantes, qui sont mangées par un animal, lequel est mangé par un autre, etc.

champ magnétique : espace entourant un aimant où la force magnétique se fait sentir.

charge électrique : stockage d'énergie électrique dans une pile ou dans un matériau isolant.

collecteur : récipient plat et noir recouvert par une vitre et qui absorbe l'énergie des rayons solaires pour chauffer de l'eau.

combustible fossile : combustible de formation ancienne, comme le pétrole, le charbon, et formé par la décomposition d'êtres autrefois vivants.

combustion : brûlage d'un combustible produisant chaleur et lumière. La combustion nécessite la présence d'oxygène.

composé : substance faite de plusieurs éléments différents.

compression : réduction sous pression d'un volume.

condensateur : appareil emmagasinant de l'électricité.

condensation : gaz qui retourne à l'état liquide lorsqu'il est refroidi. Liquide ainsi produit.

condenser : refroidir un gaz afin de le retransformer en liquide ; réduire à un petit volume.

conducteur : matériau dans lequel le courant électrique passe facilement.

cœur : centre de quelque chose, un réacteur nucléaire, par exemple.

courant alternatif : courant électrique passant alternativement dans un sens et dans l'autre.

courant continu : courant électrique ne passant que dans un seul sens.

courant électrique : charge électrique qui passe dans un conducteur, un fil de cuivre par exemple.

cycle d'Otto : fonctionnement d'un moteur à quatre temps utilisant du combustible : admission, compression, explosion, échappement des gaz non brûlés.

cylindre : tube solide ou creux, de section circulaire, à parois parallèles. Dans un moteur, tube où se meut le piston.

décomposeur : organisme (bactérie ou champignon) qui digère animaux et plantes et les divise en substances simples qui peuvent être utilisées comme nourriture par les plantes.

dépôt : substance non utilisée, restant lorsqu'un liquide s'est évaporé.

derrick : construction en poutres d'acier soutenant l'appareil de forage des puits de pétrole.

digestion : transformation des aliments dans l'appareil digestif.

distillation : procédé consistant à chauffer un liquide composé afin d'en séparer les éléments constitutifs. Les gaz produits se condensent en produits différents.

domaine : petite surface d'un métal comme le fer, qui se comporte comme un très petit aimant.

duodénum : début de l'intestin grêle.

dynamo : appareil convertissant un mouvement en énergie électrique.

échangeur de chaleur : réseau de tuyaux transportant des liquides chauds et froids. Les liquides chauds échauffent les froids et vice versa.

écosystème : ensemble des êtres vivants d'un même milieu et des éléments non vivants qui leur sont liés.

efficacité : mesure de l'énergie utilisée pour faire quelque chose avec le moins de dépense possible pour le maximum de résultat.

électricité statique : charge électrique ne changeant pas de place, contrairement à l'électricité dynamique, ou courant électrique. Elle existe dans les matériaux non conducteurs.

électrolyse : production d'éléments chimiques en faisant passer un courant électrique à travers une solution de sels.

électron : particule d'un atome qui tourne autour du noyau, avec une charge électrique négative ($-$).

élément : substance simple qui ne peut être décomposée en d'autres parties par un procédé chimique.

élément nutritif : substance qu'un organisme animal ou une plante peut absorber pour se nourrir.

énergie alternative : toute énergie de rechange pour les énergies produites par les combustibles fossiles.

énergie chimique : énergie emmagasinée dans une substance et qui peut être libérée pendant une réaction chimique.

énergie cinétique : énergie du mouvement.

énergie géothermique : énergie provenant de la chaleur interne de la terre.

énergie lumineuse : énergie provenant des rayons de lumière.

engrais : produit destiné à améliorer ou à maintenir la fertilité du sol.

environnement : tout ce qui entoure un être vivant ou une plante.

enzyme : catalyseur produit par les choses vivantes et qui contrôle certaines réactions chimiques.

équilibre : état de deux forces qui s'opposent et s'annulent.

érosion : destruction de la couche superficielle du sol par l'action de l'eau courante ou du vent.

évaporation : transformation sans ébullition d'un liquide en vapeur, à sa surface.

expansion : accroissement de volume.

faille : cassure d'une couche de terrain accompagnée d'un glissement dû aux mouvements de l'écorce terrestre.

fèces : excréments humains ou animaux.

fertilisants : produits chimiques améliorant la fertilité de la terre. On dit aussi engrais.

fertilité : capacité d'un sol à nourrir des plantes.

filament : fil métallique très fin formant résistance et qui chauffe en produisant de la lumière quand il est traversé par un courant électrique.

fission : cassure d'un noyau d'atome. La fission libère une quantité énorme d'énergie.

flux d'électrons : passage des électrons d'une borne à une autre d'une pile à travers un circuit électrique.

foie : organe du corps dans lequel ont lieu diverses réactions chimiques.

force électromotrice (f. e. m.) : force nécessaire pour propulser un courant électrique dans un circuit. Elle est mesurée en volts.

forêt tropicale : grands espaces de forêts poussant dans les régions chaudes et humides des tropiques.

fractionnement (colonne de) : grand tube vertical utilisé pour la distillation et dans lequel les gaz se refroidissent pour donner diverses substances par condensation.

friction : lorsque deux substances frottent l'une contre l'autre, le mouvement est ralenti, ce qui produit de la chaleur ou un échauffement. On le réduit avec des lubrifiants.

fusion : formation de nouveaux éléments atomiques par jonction intime de deux atomes légers comme l'hydrogène. Lorsque cela se passe (comme à l'intérieur du soleil), une immense quantité d'énergie est libérée.

galaxie : ensemble d'étoiles et de planètes, de gaz et de poussières formant une sorte de nuage dans l'espace.

gaz carbonique : dioxyde de carbone. Il forme les bulles des boissons gazeuses.

gaz naturel : gaz provenant de dépôts souterrains, qui accompagne généralement les gisements de pétrole.

gaz de ville : gaz inflammable produit par la distillation de la houille (charbon).

générateur (génératrice) : machine transformant l'énergie mécanique en énergie électrique. On dit aussi dynamo.

géologue : spécialiste de l'étude des roches et de leur formation dans l'écorce terrestre.

glucide : aliment renfermant des sucres et fournissant de l'énergie.

glucose : type de sucre simple produit par les plantes.

graisses : nourriture absorbée par les êtres vivants et produisant de l'énergie. Le corps utilise des graisses pour avoir chaud. Plantes et animaux l'emmagasinent.

hélium : gaz très stable, plus léger que l'air. C'est l'élément le plus simple après l'hydrogène.

herbivore : animal se nourrissant de plantes.

hétérotrophe : être vivant ne pouvant tirer sa nourriture d'éléments simples, mais mangeant des animaux et des plantes. Voir **autotrophe**.

hydrate de carbone : autre nom des glucides.

hydrocarbone : composé chimique contenant de l'hydrogène et des atomes de carbone.

hydroélectricité : électricité produite par la force de l'eau.

hydrogène : gaz inodore et incolore, le plus léger et le plus simple de tous les éléments.

ignition : mise à feu d'un gaz.

inflammable : capable de brûler.

insecticide : produit chimique destiné à tuer les insectes. Également appelé pesticide.

intestins : partie de l'appareil digestif formé de deux longs tubes, le gros intestin et l'intestin grêle, dont le rôle est d'absorber les éléments nutritifs digérés.

isolateur : matériau à travers lequel le courant électrique ne peut pas passer.

isoler : empêcher le passage d'un courant électrique, de la chaleur, du froid, de l'eau, etc.

joule : unité de mesure de l'énergie et du travail.

lampe à arc : lampe dans laquelle une étincelle brillante est obtenue entre deux électrodes en graphite lorsqu'un courant leur est appliqué.

lignes de flux : lignes montrant la direction d'une force dans un champ magnétique.

lignite : charbon brun, assez tendre, utilisé comme combustible.

magnétisme : attraction ou répulsion d'une pièce de fer par un aimant ou un conducteur électrique placé près d'elle.

magnétite : pierre naturelle d'aimant, contenant du fer, et qui attire ce métal.

migration : déplacement saisonnier des animaux ou des êtres humains, généralement à la recherche de la nourriture.

moteur à combustion interne : moteur à explosion, dans lequel le combustible est brûlé dans les cylindres, produisant des gaz qui repoussent le piston.

neutre : dont la charge électrique n'est ni positive ni négative.

neutrons : particules composant un noyau d'atome, sans charge électrique.

nomade : qui mène un genre de vie non sédentaire, c'est-à-dire sans se fixer.

noyau : partie centrale d'un atome.

oasis : dans les déserts, petite région où la présence de l'eau permet la culture.

œsophage : tube qui transporte la nourriture de la bouche à l'estomac.

ohm : unité de résistance électrique.

organisme : être vivant organisé.

oxygène : un des gaz se trouvant dans l'eau et l'air. Il est nécessaire à la respiration.

ozone : sorte d'oxygène qui absorbe les rayons ultraviolets du soleil qui, s'ils traversaient l'atmosphère, détruiraient la vie sur terre.

particule : très petite partie d'une matière ou d'un atome.

phloème : tube capillaire d'une plante qui transporte la nourriture depuis les feuilles jusqu'à la racine.

phosphates : groupes de produits chimiques utilisés comme engrais.

photosynthèse : processus par lequel les plantes vertes utilisent l'énergie de la lumière du soleil pour produire leur nourriture à partir de l'eau et du gaz carbonique.

piston : pièce de métal coulissant dans un cylindre et poussant un liquide ou un gaz pour le comprimer ou l'aspirer.

plateau continental : partie du continent sous la mer, peu profonde, se trouvant près des côtes.

pôle : une des extrémités d'une barre magnétique. L'aiguille de la boussole a deux pôles, nord et sud.

polluant : substance provoquant une pollution.

pollution : action de dégrader l'environnement en y répandant des matières toxiques.

polypropylène : plastique très résistant et dur.

polyuréthane : plastique utilisé pour faire des peintures et des vernis, ainsi que des isolants.

poumons : organes du corps utilisés pour la respiration.

protéines : substances contenues dans les aliments et aidant à la croissance, se trouvant dans la viande, le poisson, les œufs, etc.

proton : particule élémentaire d'un noyau d'atome, chargée positivement.

radioactivité : désintégration spontanée du noyau d'un atome avec émission de particules ou de rayonnements électromagnétiques.

raffinerie : usine de traitement du pétrole brut, pour produire de l'essence et des sous-produits divers.

réacteur : cœur d'une centrale nucléaire où se produisent des réactions en chaîne d'atomes cassés, et dégageant une chaleur intense.

rectum : dernière partie du tube digestif par où sont évacuées les fèces.

recyclage : réutilisation des déchets pour en faire de nouveaux produits.

reins : organes du corps dont la fonction est de filtrer le sang pour en évacuer les déchets sous forme d'urine.

renouvelable : se dit d'une énergie qui fait appel à des éléments qui se recréent naturellement (la biomasse, le soleil).

réseau alimentaire : ensemble des chaînes alimentaires d'un écosystème, dans lequel chaque être du réseau peut être mangé par un autre. On dit aussi trame alimentaire.

réseau électrique : ensemble des câbles reliant par des pylônes les centrales électriques aux usagers.

résistance : manière dont un conducteur freine l'électricité en produisant de la chaleur. Les bons conducteurs ont une faible résistance. La résistance se mesure en ohms.

respiration : absorption par les plantes et les animaux de l'oxygène de l'air afin de l'échanger contre du gaz carbonique. En respirant, le corps fabrique de l'énergie.

ressources : ce qui nous permet de vivre. Quantité d'énergie en réserve.

rotor : partie tournante d'un moteur ou d'un générateur d'électricité, d'une dynamo.

salive : liquide sécrété dans la bouche par des glandes et qui, mélangé aux aliments, permet d'avaler ceux-ci. La salive contient une enzyme qui aide à digérer l'amidon.

sels minéraux : minéraux en solution absorbés par la racine des plantes pour leur nourriture.

semi-conducteur : matériau ne laissant passer qu'une partie seulement d'un courant électrique.

solénoïde : bobine de fil de cuivre parcourue par un courant électrique et qui produit un champ magnétique.

sortie : travail produit par un procédé utilisant de l'énergie.

sous-produit : produit dérivé de la distillation ou fractionnement d'un autre. L'essence est un sous-produit du pétrole.

temps : dans un moteur à piston, décomposition du mouvement : un moteur à deux temps, à quatre temps. Aller et retour d'un piston dans un cylindre.

tension : effort fourni en tirant. Force d'un courant électrique (en volts).

tourbe : charbon fossile qui se forme dans les tourbières.

trame alimentaire : voir **réseau alimentaire**.

transformateur : appareil destiné à changer le voltage, c'est-à-dire la force d'un courant électrique.

transistor : petite valve électrique dans laquelle le courant ne peut passer que dans une seule direction, en quantité limitée. Il peut être utilisé pour augmenter la puissance d'un signal électrique.

trépan : tête foreuse d'un tubage pour creuser un puits de pétrole.

tubage : chaîne des tubes de forage supportant le trépan.

turbine : axe muni d'ailettes de forme incurvée que fait tourner très rapidement de l'eau ou de la vapeur.

uranium : métal gris très lourd et radioactif, utilisé comme combustible dans les réacteurs atomiques.

vide : espace dans lequel il n'y a ni air ni aucune matière.

vitesse de croisière : vitesse d'un véhicule qui lui permet de parcourir la plus grande distance possible avec le moins de combustible.

volt : unité de force électromotrice (f. e. m.).

xylèmes : tubes capillaires des plantes par lesquels l'eau et les sels minéraux du sol sont amenés aux feuilles. Ils constituent avec les phloèmes, la tige de la plante.

Index

Imprimerie Royal Smeets Offset, BV, Weert — Dépôt légal 1984.
N° de série Éditeur 12561 — Imprimé aux Pays-Bas — 651264-A — Mars 1985.